Printed in the USA

Telugu Language:
101 Telugu Verbs

BY GARISHMA KAKARLAPUDI

Contents

Introduction 1

1. To accept అంగీకరించుట Angeekarinchuta 9
2. To admit ఒప్పుకొనుట Oppukonuta 11
3. To answer జవాబిచ్చుట Javaabichchuta 13
4. To appear కనిపించుట Kanipinchuta 15
5. To ask అడుగుట Aduguta 17
6. To be ఉండుట Unduta 19
7. To be able to చేయగలుగుట Cheyagaluguta 21
8. To become అవుట Avuta 23
9. To begin మొదలుపెట్టుట Modhalupettuta 25
10. To break పగలకొట్టుట Pagalakottuta 27
11. To breathe శ్వాసించుట Sshwasinchuta 29
12. To buy కొనుట Konuta 31
13. To call పిలువుట Piluvuta 33
14. To choose ఎన్నుకొనుట Ennukonuta 35
15. To close ముగించుట Muginchuta 37
16. To come వచ్చుట Vachchuta 39
17. To cook వండుట Vanduta 41
18. To cry ఏడువుట Eduvuta 43
19. To dance నాట్యంచేయుట Naatyam cheyuta 45
20. To decide నిర్ణయించుట Nirnayinchuta 47
21. To decrease తగ్గించుట Thagginchuta 49
22. To die చనిపోవుట Chanipovuta 51
23. To do చేయుట Cheyuta 53
24. To drink తాగుట Thaaguta 55
25. To drive నడుపుట Naduputa 57
26. To eat తినుట Thinuta 59

27. To enter ప్రవేశించుట Praveshinchuta		61
28. To exit వెళ్లిపోవుట Vellipovuta		63
29. To explain విశదపరచుట Vishadhaparachuta		65
30. To fall పడుట Paduta		67
31. To feel అనుభవించుట Anubhavinchuta		69
32. To fight పోట్లాడుట Potlaaduta		71
33. To find కనుగొనుట Kanugonuta		73
34. To finish ముగించుట Muginchuta		75
35. To fly ఎగురుట Eguruta		77
36. To forget మరచిపోవుట Marachipovuta		79
37. To get up లేచుట Lechuta		81
38. To give ఇచ్చుట Ichchuta		83
39. To go పోవుట Povuta		85
40. To happen జరుగుట Jaruguta		87
41. To have ఉండుట Unduta		89
42. To hear వినుట Vinuta		91
43. To help తోడ్పడుట Thodpaduta		93
44. To hold పట్టుకొనుట Pattukonuta		95
45. To increase పెంచుట Penchuta		97
46. To introduce ప్రవేశపెట్టుట Praveshapettuta		99
47. To invite ఆహ్వానించుట Aahvaaninchuta		101
48. To kill చంపుట Champuta		103
49. To kiss ముద్దుపెట్టుట Muddupettuta		105
50. To know తెలుసుకొనుట Thelusukonuta		107
51. To laugh నవ్వుట Navvuta		109
52. To learn నేర్చుకొనుట Nerchukonuta		111
53. To lie down పడుకొనుట Padukonuta		113
54. To like నచ్చుట Nachchuta		115

55. To listen ఆలకించుట Aalakinchuta	117
56. To live బ్రతుకుట Brathukuta	119
57. To lose ఓడిపోవుట Odipovuta	121
58. To love ప్రేమించుట Preminchuta	123
59. To meet కలువుట Kaluvuta	125
60. To need అవసరం వచ్చుట Avasaram vachchuta	127
61. To notice గమనించుట Gamaninchuta	129
62. To open తెరుచుట Theruchuta	131
63. To play ఆడుట Aaduta	133
64. To put పెట్టుట Pettuta	135
65. To read చదువుట Chadhuvuta	137
66. To receive స్వీకరించుట Sveekarinchuta	139
67. To reject తిరస్కరించుట Thiraskarinchuta	141
68. To remember గుర్తుంచుకొనుట Gurthunchukonuta	143
69. To repeat మళ్ళీచెప్పుట Mallee chepputa	145
70. To return తిరిగి వచ్చుట Thirigi vachchuta	147
71. To run పరిగెత్తుట Parigeththuta	149
72. To say చెప్పుట Chepputa	151
73. To scream కేక వేయుట Keka veyuta	153
74. To see చూచుట Choochuta	155
75. To seem అనిపించుట Anipinchuta	157
76. To sell అమ్ముట Ammuta	159
77. To send పంపుట Pamputa	161
78. To show చూపుట Chooputa	163
79. To sing పాడుట Paaduta	165
80. To sit కూర్చుండుట Kuurchunduta	167
81. To sleep నిద్రపోవుట Nidhrapovuta	169
82. To smile మందహాసించుట Mandhahasinchuta	171

83. To speak మాట్లాడుట Maatlaaduta	173	
84. To stand నిలబడుట Nilabaduta	175	
85. To start ప్రారంభించుట Praarambhinchuta	177	
86. To stay ఉండుట Unduta	179	
87. To take తీసుకొనుట Theesukonuta	181	
88. To talk సంభాషించుట Sambhaashinchuta	183	
89. To teach నేర్పట Nerputa	185	
90. To think ఆలోచించుట Aalochinchuta	187	
91. To touch స్పర్శించుట Sparsshinchuta	189	
92. To travel ప్రయాణించుట Prayaaninchuta	191	
93. To understand గ్రహించుట Grahinchuta	193	
94. To use వాడుట Vaaduta	195	
95. To wait వేచియుండుట Vechiyunduta	197	
96. To walk నడుచుట Naduchuta	199	
97. To want కావలసియుండుట Kaavalasiyunduta	201	
98. To watch కావలి ఉండుట Kaavali unduta	203	
99. To win గెలుచుట Geluchuta	205	
100. To work పనిచేయుట Panicheyuta	207	
101. To write వ్రాయుట Vraayuta	209	

INTRODUCTION

One of the oldest languages in the world

The Telugu language dates back to the second century BC. It is classified under the Central Dravidian group, and is one of the 23 official languages in India, spoken by over 80 million people. It is the language of the southern states of Andhra Pradesh and Telangana. It is also widely used in the neighbouring Indian states and different countries around the world with a sizable Telugu diaspora.

The language is considered mellifluous, being the preferred choice for lyrical compositions in Karnatic music, one of the two music traditions of India. Thanks to its vowel-ending words (*du, mu, vu, lu*), and liberal sprinkling of vowels as compared to consonants, the 16th century explorer Nicolo Di Conti called it 'the Italian of the East'.

The ancient languages of Sanskrit and Prakrit influence Telugu vocabulary and grammar to a great extent. In fact, the principles of Telugu grammar – or *vyaakaranam* as it is called in the language – were first written in Sanskrit. In the 11th century, *Adikavi* Nannaya (*adi*, first; *kavi*, poet) laid down the principles of grammar in a treatise called *Andhra Sabda Chintamani*. A highly complex body of work, it owed its origins to the seminal works of Panini, the Sanskrit grammarian of repute. It was only after 800 years, in the 19th century, that the grammatical tenets were simplified in another work titled *Baala Vyaakaranam*, written by Chinnaya Suri, based on Nannaya's original concepts.

Telugu's grammatical structure is fundamentally different from, say, a language like English. The normal English sentence sequence is subject, verb and object but in contrast, Telugu sentences have a subject-object-verb sequence in the most common usages.

English: He(s) went to(v) school(o).
Telugu: *Vaadu*(s) *badiki*(o) *vellaadu*(v).

Though the s-o-v sequence is predominant, it can be changed depending on the need, the focus of the sentence.

Letters of the alphabet and pronunciation

There are 16 vowels and 35 consonants in the Telugu alphabet.

Vowels *Pronunciation guide*

అ	a	*a* as in *a*ware
ఆ	aa	*aa* as in c*a*r
ఇ	i	*i* as in *I*ndia
ఈ	ee	*ee* as in p*ee*p
ఉ	u	*u* as in p*u*t
ఊ	uu	*oo* as in p*oo*p
ఋ	ru	*ru* as in *rhu*mba
ౠ	roo	*roo* as in *roo*ted
ఎ	e	*e* as in *e*nter
ఏ	ay	*ay* as in b*ay*
ఐ	ai	*ai* as in *ai*sle
ఒ	o	*o* as in six *o*' clock
ఓ	oe	*oe* as in *o*ld
ఔ	ow	*ow* as in owl
అం	um	*um* as in *um*brage
అః	aha	*aha* as in *aha*

Please note: The pronunciation given is approximate. Do consult an audio guide for better accuracy.

Consonants		Pronunciation guide
క	ka	*ka* as in *k*art
ఖ	kha	*kha* as in *kha*ki
గ	ga	*ga* as in *ga*rrison
ఘ	gha	*gha* as in *Gha*na
ఙ	inya	(no equivalent sound in English)
చ	cha	*cha* as in *cha*rt
ఛ	chcha	*chcha* as in *cha-cha-cha*
జ	ja	*ja* as in *ja*rgon
ఝ	jha	*jha* as in *Jha*nsi
ఞ	ini	*ini*tial
ట	ta	*ta* as in *ta*rt
ఠ	ttha	*ttha* as in a*tto*rney
డ	da	*da* as in *da*nce
ఢ	dda	*dda* as in ri*dda*nce
ణ	nna	*nna* as in wa*nna*
త	tha	*tha* as in *tha*lamus

థ	ththa	*ththa* as in *thy*roid
ద	dha	*dha* as in *da* Vinci
ధ	dhdha	*ddha* as in Bu*ddha*
న	na	*na* as in or*na*ment
ప	pa	*pa* as in *pa*rt
ఫ	pha	*pha* as in *pha*ntom
బ	ba	*ba* as in *ba*rk
భ	bha	*bha* as in *bha*jan
మ	ma	*ma* as in *ma*rt
య	ya	*ya* as in *ya*rn
ర	ra	*ra* as in *ra*t
ల	la	*la* as in *la*st
వ	va	*va* as in *va*st
శ	ssha	*ssha* as in *ssh*!
ష	sha	*sha* as in *sha*ck
స	sa	*sa* as in *sa*nd
హ	ha	*ha* as in *ha*nd

| ళ | lla | *lla* as in bu*lly* |
| క్ష | ksha | *ksha* as in a*cti*on |

Please note: The pronunciation given is approximate. Do consult an audio guide for better accuracy.

Verb
Definition, conjugations

A verb is the central part of a sentence, which denotes action, mood or occurrence. Verb conjugations convey tense, gender, person and other attributes pertaining to its meaning and tone of voice.

Essentially, to agree with the subject, verb conjugations depend on the following:

- Past, present or future tenses
- First, second or third person
- Singular or plural
- Masculine, feminine or neuter genders

These, and certain other factors, determine the kind of conjugations the verbs carry. The tense or mood in a verb is indicated through an addition – a suffix. This is an ending that changes meaning across the variables listed above. So typically, a conjugated verb comprises of the base verb and a variable tense-gender-number suffix.

Example:

To **listen**	వినుట	*Vinuta*

<u>Present Tense</u>

I listen	నేను వి ంటు న్నాను	*Nenu vin**tunnaanu***
You listen	నువ్వు వి ంటు న్నావు	*Nuvvu vin**tunnaavu***
He listens	అతడు వి ంటు న్నాడు	*Athadu vin**tunnaadu***
She listens	ఆమె వి ంటు న్నది	*Aame vin**tunnadhi***
They listen	వాళ్ళు వి ంటు న్నారు	*Vaallu vin**tunnaaru***

<u>Past Tense</u>

I listened	నేను విన్నాను	*Nenu vi**nnaanu***
You listened	నువ్వు విన్నావు	*Nuvvu vi**nnaavu***
He listened	అతడు విన్నాడు	*Athadu vi**nnaadu***
She listened	ఆమె విన్నది	*Aame vi**nnadhi***
They listened	వాళ్ళు విన్నారు	*Vaallu vi**nnaaru***

Future Tense

I will listen	నేను వింటాను	*Nenu vin**taanu***
You will listen	నువ్వు వింటావు	*Nuvvu vin**taavu***
He will listen	అతడు వింటాడు	*Athadu vin**taadu***
She will listen	ఆమె వింటుంది	*Aame vin**tundhi***
They will listen	వాళ్ళు వింటారు	*Vaallu vin**taaru***

Negative

I do not listen	నేను వినను	*Nenu vi**nanu***
You do not listen	నువ్వు వినవు	*Nuvvu vi**navu***
He does not listen	అతడు వినడు	*Athadu vi**nadu***
She does not listen	ఆమె వినదు	*Aame vi**nadhu***
They do no listen	వాళ్ళు వినరు	*Vaallu vi**naru***

Durative

I have been listening	నేను వింటూ ఉన్నాను	*Nenu vin**tuu unnaanu***
You have been listening	నువ్వు వింటూ ఉన్నావు	*Nuvvu vin**tuu unnaavu***
He has been listening	అతడు వింటూ ఉన్నాడు	*Athadu vin**tuu unnaadu***
She has been listening	ఆమె వింటూ ఉన్నది	*Aame vin**tuu unnadhi***
They have been listening	వాళ్ళు వింటూ ఉన్నారు	*Vaallu vin**tuu unnaaru***

Present Participle

(While) listening	వింటూ	*Vin**tuu***

Past Participle

(Having) listened	విని	***Vini***

Negative Participle

Not listened	వినని	*Vin**ani***

Imperative
Listen!   వినుమ !   *Vinumu!*

Negative Imperative
Do not listen!   వినకుమ !   *Vinakumu!*

Gerund
(The act of) listening   వినడం   *Vinadam*

Telugu grammar is a complex topic of study, within which the subset of verbs and their conjugations can be daunting to the new learner. This selection has been simplified keeping in mind the day-to-day requirements of a non-native speaker. And yet, the key principles have been expounded so that the user can clearly grasp the principles and learn how they work with relative ease.

Please go through a sample list of common verbs and their conjugations in the following pages to get a deeper understanding of the subject.

1.

| To **accept** | అంగీకరించుట | *Angeekarinchuta* |

Present Tense

I accept	నేను అంగీకరిస్తున్నాను	*Nenu angeekari**sthunnaanu***
You accept	నువ్వు అంగీకరిస్తున్నావు	*Nuvvu angeekari**sthunnaavu***
He accepts	అతడు అంగీకరిస్తున్నాడు	*Athadu angeekari**sthunnaadu***
She accepts	ఆమె అంగీకరిస్తున్నది	*Aame angeekari**sthunnadhi***
They accept	వాళ్ళు అంగీకరిస్తున్నారు	*Vaallu angeekari**sthunnaaru***

Past Tense

I accepted	నేను అంగీకరించాను	*Nenu angeekarin**chaanu***
You accepted	నువ్వు అంగీకరించావు	*Nuvvu angeekarin**chaavu***
He accepted	అతడు అంగీకరించాడు	*Athadu angeekarin**chaadu***
She accepted	ఆమె అంగీకరించింది	*Aame angeekarin**chindhi***
They accepted	వాళ్ళు అంగీకరించారు	*Vaallu angeekarin**chaaru***

Future Tense

I will accept	నేను అంగీకరిస్తాను	*Nenu angeekari**sthaanu***
You will accept	నువ్వు అంగీకరిస్తావు	*Nuvvu angeekari**sthaavu***
He will accept	అతడు అంగీకరిస్తాడు	*Athadu angeekari**sthaadu***
She will accept	ఆమె అంగీకరిస్తుంది	*Aame angeekari**sthundhi***
They will accept	వాళ్ళు అంగీకరిస్తారు	*Vaallu angeekari**sthaaru***

Negative

I do not accept	నేను అంగీకరించను	*Nenu angeekarin**chanu***
You do not accept	నువ్వు అంగీకరించవు	*Nuvvu angeekarin**chavu***
He does not accept	అతడు అంగీకరించడు	*Athadu angeekarin**chadu***
She does not accept	ఆమె అంగీకరించదు	*Aame angeekarin**chadhu***
They do not accept	వాళ్ళు అంగీకరించరు	*Vaallu angeekarin**charu***

Durative

I have been accepting	నేను అంగీకరిస్తూ ఉన్నాను	*Nenu angeekari**sthuu unnaanu***
You have been accepting	నువ్వు అంగీకరిస్తూ ఉన్నావు	*Nuvvu angeekari**sthuu unnaavu***
He has been accepting	అతడు అంగీకరిస్తూ ఉన్నాడు	*Athadu angeekari**sthuu unnaadu***
She has been accepting	ఆమె అంగీకరిస్తూ ఉన్నది	*Aame angeekari**sthuu unnadhi***
They have been accepting	వాళ్ళు అంగీకరిస్తూ ఉన్నారు	*Vaallu angeekari**sthuu unnaaru***

Present Participle
(While) accepting — అంగీకరిస్తూ — *Angeekari**sthuu***

Past Participle
(Having) accepted — అంగీకరించిన — *Angeekarin**china***

Negative Participle
Not accepted — అంగీకరించని — *Angeekarin**chani***

Imperative
Accept! — అంగీకరించు! — *Angeekarin**chu**!*

Negative Imperative
Do not accept! — అంగీకరించకు! — *Angeekarin**chaku**!*

Gerund
(The act of) accepting — అంగీకరించడం — *Angeekarin**chadam***

2.

To **admit**	ఒప్పుకొను ట	*Oppukonuta*

Present Tense

I admit	నేను ఒప్పుకు **ంటు న్నాను**	*Nenu oppukun**tunnaanu***
You admit	ను వ్వ ఒప్పుకు **ంటు న్నావు**	*Nuvvu oppukun**tunnaavu***
He admits	అతడు ఒప్పుకు **ంటు న్నాడు**	*Athadu oppukun**tunnaadu***
She admits	ఆమె ఒప్పుకు **ంటు న్నది**	*Aame oppukun**tunnadhi***
They admit	వా ళ్ళ ఒప్పుకు **ంటు న్నారు**	*Vaallu oppukun**tunnaaru***

Past Tense

I admitted	నేను ఒప్పుకు **న్నాను**	*Nenu oppuku**nnaanu***
You admitted	ను వ్వ ఒప్పుకు **న్నావు**	*Nuvvu oppuku**nnaavu***
He admitted	అతడు ఒప్పుకు **న్నాడు**	*Athadu oppuku**nnnaadu***
She admitted	ఆమె ఒప్పుకు **న్నది**	*Aame oppuku**nnadhi***
They admitted	వా ళ్ళ ఒప్పుకు **న్నారు**	*Vaallu oppuku**nnaaru***

Future Tense

I will admit	నేను ఒప్పుకు ంటాను	*Nenu oppukun**taanu***
You will admit	ను వ్వ ఒప్పుకు ంటావు	*Nuvvu oppukun**taavu***
He will admit	అతడు ఒప్పుకు ంటాడు	*Athadu oppukun**taadu***
She will admit	ఆమె ఒప్పుకు ంటు ంది	*Aame oppukun**tundhi***
They will admit	వా ళ్ళ ఒప్పుకు ంటారు	*Vaallu oppukun**taaru***

<u>Negative</u>

I do not admit	నేను ఒప్పుకోను	*Nenu oppu**konu***
You do not admit	నువ్వు ఒప్పుకోవు	*Nuvvu oppu**kovu***
He does not admit	అతడు ఒప్పుకోడు	*Athadu oppu**kodu***
She does not admit	ఆమె ఒప్పుకోదు	*Aame oppu**kodhu***
They do not admit	వాళ్ళ ఒప్పుకోరు	*Vaallu oppu**koru***

<u>Durative</u>

I have been admitting	నేను ఒప్పుకు ంటూ ఉన్నాను	*Nenu oppukun**tuu unnaanu***
You have been admitting	నువ్వు ఒప్పుకు ంటూ ఉన్నావు	*Nuvvu oppukun**tuu unnaavu***
He has been admitting	అతడు ఒప్పుకు ంటూ ఉన్నాడు	*Athadu oppukun**tuu unnaadu***
She has been admitting	ఆమె ఒప్పుకు ంటూ ఉన్నది	*Aame oppukun**tuu unnadhi***
They have been admitting	వాళ్ళ ఒప్పుకు ంటూ ఉన్నారు	*Vaallu oppukun**tuu unnaaru***

<u>Present Participle</u> (While) admitting	ఒప్పుకు ంటూ	*Oppu**kuntuu***
<u>Past Participle</u> (Having) admitted	ఒప్పుకు న్న	*Oppu**kunna***
<u>Negative Participle</u> Not admitted	ఒప్పుకోని	*Oppu**koni***
<u>Imperative</u> Admit!	ఒప్పుకో!	*Oppu**ko**!*
<u>Negative Imperative</u> Do not admit!	ఒప్పుకోకు!	*Oppu**koku**!*
<u>Gerund</u> (The act of) admitting	ఒప్పుకోవడం	*Oppu**kovadam***

3.

To **answer**	**జవాబిచ్చుట**	*Javaabichchuta*

<u>Present Tense</u>

I answer	నేను జవాబి**స్తున్నాను**	*Nenu javaabi**sthunnaanu***
You answer	ను వ్వు జవాబి**స్తున్నావు**	*Nuvvu javaabi**sthunnaavu***
He answers	అతడు జవాబి**స్తున్నాడు**	*Athadu javaabi**sthunnaadu***
She answers	ఆమె జవాబి**స్తున్నది**	*Aame javaabi**sthunnadhi***
They answer	వాళ్ళ జవాబి**స్తున్నారు**	*Vaallu javaabi**sthunnaaru***

<u>Past Tense</u>

I answered	నేను జవాబి**చ్చాను**	*Nenu javaabi**chchaanu***
You answered	ను వ్వు జవాబి**చ్చావు**	*Nuvvu javaabi**chchaavu***
He answered	అతడు జవాబి**చ్చాడు**	*Athadu javaabi**chchaadu***
She answered	ఆమె జవాబి**చ్చింది**	*Aame javaabi**chchindhi***
They answered	వాళ్ళ జవాబి**చ్చారు**	*Vaallu javaabi**chchaaru***

<u>Future Tense</u>

I will answer	నేను జవాబి**స్తాను**	*Nenu javaabi**sthaanu***
You will answer	ను వ్వు జవాబి**స్తావు**	*Nuvvu javaabi**sthaavu***
He will answer	అతడు జవాబి**స్తాడు**	*Athadu javaabi**sthaadu***
She will answer	ఆమె జవాబి**స్తుంది**	*Aame javaabi**sthundhi***
They will answer	వాళ్ళ జవాబి**స్తారు**	*Vaallu javaabi**sthaaru***

Negative

I do not answer	నేను జవాబివ్వను	*Nenu javaabivvanu*
You do not answer	నువ్వు జవాబివ్వవు	*Nuvvu javaabivvavu*
He does not answer	అతడు జవాబివ్వడు	*Athadu javaabivvadu*
She does not answer	ఆమె జవాబివ్వదు	*Aame javaabivvadhu*
They do not answer	వాళ్ళ జవాబివ్వరు	*Vaallu javaabivvaru*

Durative

I have been answering	నేను జవాబిస్తూఉన్నాను	*Nenu javaabi**sthuu** **unnaanu***
You have been answering	నువ్వు జవాబిస్తూఉన్నావు	*Nuvvu javaabi**sthuu** **unnaavu***
He has been answering	అతడు జవాబిస్తూఉన్నాడు	*Athadu javaabi**sthuu** **unnaadu***
She has been answering	ఆమె జవాబిస్తూఉన్నది	*Aame javaabi**sthuu** **unnadhi***
They have been answering	వాళ్ళ జవాబిస్తూఉన్నారు	*Vaallu javaabi**sthuu** **unnaaru***

Present Participle
(While) answering   జవాబిస్తూ   *Javaabi**sthuu***

Past Participle
(Having) answered   జవాబిచ్చిన   *Javaabi**chchina***

Negative Participle
Not answered   జవాబివ్వని   *Javaabi**vvani***

Imperative
Answer!   జవాబివ్వు   *Javaabi**vvu**!*

Negative Imperative
Do not answer!   జవాబివ్వకు!   *Javaabi**vvaku**!*

Gerund
(The act of) answering   జవాబివ్వడం   *Javabi**vvadam***

4.

To **appear**	**కనిపి ంచు ట**	*Kanipinchuta*

Present Tense

I appear	నేను కనిపి**స్తున్నాను**	*Nenu kanipi**sthunnaanu***
You appear	ను వ్వు కనిపి**స్తున్నావు**	*Nuvvu kanipi**sthunnaavu***
He appears	అతడు కనిపి**స్తున్నాడు**	*Athadu kanipi**sthunnaadu***
She appears	ఆమె కనిపి**స్తున్నది**	*Aame kanipi**sthunnadhi***
They appear	వాళ్ళు కనిపి**స్తున్నారు**	*Vaallu kanipi**sthunnaaru***

Past Tense

I appeared	నేను కనిపి **ంచాను**	*Nenu kanipin**chaanu***
You appeared	ను వ్వు కనిపి **ంచావు**	*Nuvvu kanipin**chaavu***
He appeared	అతడు కనిపి **ంచాడు**	*Athadu kanipin**chaadu***
She appeared	ఆమె కనిపి **ంచి ంది**	*Aame kanipin**chindhi***
They appeared	వాళ్ళు కనిపి **ంచారు**	*Vaallu kanipin**chaaru***

Future Tense

I will appear	నేను కనిపి**స్తాను**	*Nenu kanipi**sthaanu***
You will appear	ను వ్వు కనిపి**స్తావు**	*Nuvvu kanipi**sthaavu***
He will appear	అతడు కనిపి**స్తాడు**	*Athadu kanipi**sthaadu***
She will appear	ఆమె కనిపి**స్తుంది**	*Aame kanipi**sthundhi***
They will appear	వాళ్ళు కనిపి**స్తారు**	*Vaallu kanipi**sthaaru***

Negative

I do not appear	నేను కనిపించను	*Nenu kanipinchanu*
You do not appear	నువ్వు కనిపించవు	*Nuvvu kanipinchavu*
He does not appear	అతడు కనిపించడు	*Athadu kanipinchadu*
She does not appear	ఆమె కనిపించదు	*Aame kanipinchadhu*
They do not appear	వాళ్ళు కనిపించరు	*Vaallu kanipincharu*

Durative

I have been appearing	నేను కనిపిస్తూఉన్నాను	*Nenu kanipisthuu unnaanu*
You have been appearing	నువ్వు కనిపిస్తూఉన్నావు	*Nuvvu kanipisthuu unnaavu*
He has been appearing	అతడు కనిపిస్తూఉన్నాడు	*Athadu kanipisthuu unnaadu*
She has been appearing	ఆమె కనిపిస్తూఉన్నది	*Aame kanipisthuu unnadhi*
They have been appearing	వాళ్ళు కనిపిస్తూఉన్నారు	*Vaallu kanipisthuu unnaaru*

Present Participle
(While) appearing   కనిపిస్తూ   *Kanipisthuu*

Past Participle
(Having) appeared   కనిపించిన   *Kanipinchchina*

Negative Participle
Not appeared   కనిపించని   *Kanipinchani*

Imperative
Appear!   కనిపించు!   *Kanipinchu!*

Negative Imperative
Do not appear!   కనిపించకు!   *Kanipinchaku!*

Gerund
(The act of) appearing   కనిపించడం   *Kanipinchadam*

5.

| To **ask** | అడుగుట | *Aduguta* |

Present Tense

I ask	నేను అడుగుతున్నాను	*Nenu adugu**thunnaanu***
You ask	నువ్వు అడుగుతున్నావు	*Nuvvu adugu**thunnaavu***
He asks	అతడు అడుగుతున్నాడు	*Athadu adugu**thunnaadu***
She asks	ఆమె అడుగుతున్నది	*Aame adugu**thunnadhi***
They ask	వాళ్ళు అడుగుతున్నారు	*Vaallu adugu**thunnaaru***

Past Tense

I asked	నేను అడిగాను	*Nenu a**digaanu***
You asked	నువ్వు అడిగావు	*Nuvvu a**digaavu***
He asked	అతడు అడిగాడు	*Athadu a**digaadu***
She asked	ఆమె అడిగింది	*Aame a**digindhi***
They asked	వాళ్ళు అడిగారు	*Vaallu a**digaaru***

Future Tense

I will ask	నేను అడుగుతాను	*Nenu adugu**thaanu***
You will ask	నువ్వు అడుగుతావు	*Nuvvu adugu**thaavu***
He will ask	అతడు అడుగుతాడు	*Athadu adugu**thaadu***
She will ask	ఆమె అడుగుతుంది	*Aame adugu**thundhi***
They will ask	వాళ్ళు అడుగుతారు	*Vaallu adugu**thaaru***

Negative

I do not ask	నేను అడగను	*Nenu a**daganu***
You do not ask	నువ్వు అడగవు	*Nuvvu a**dagavu***
He does not ask	అతడు అడగడు	*Athadu a**dagadu***
She does not ask	ఆమె అడగదు	*Aame a**dagadhu***
They do not ask	వాళ్ళు అడగరు	*Vaallu a**dagaru***

Durative

I have been asking	నేను అడుగుతూ ఉన్నాను	*Nenu adugu**thuu unnaanu***
You have been asking	నువ్వు అడుగుతూ ఉన్నావు	*Nuvvu adugu**thuu unnaavu***
He has been asking	అతడు అడుగుతూ ఉన్నాడు	*Athadu adugu**thuu unnaadu***
She has been asking	ఆమె అడుగుతూ ఉన్నది	*Aame adugu**thuu unnadhi***
They have been asking	వాళ్ళు అడుగుతూ ఉన్నారు	*Vaallu adugu**thuu unnaaru***

Present Participle
(While) asking — అడుగుతూ — *Adugu**thuu***

Past Participle
(Having) asked — అడిగిన — ***Adigina***

Negative Participle
Not asked — అడగని — ***Adagani***

Imperative
Ask! — అడుగు! — *Adu**gu**!*

Negative Imperative
Do not ask! — అడగకు! — ***Adagaku**!*

Gerund
(The act of) asking — అడగడం — ***Adagadam***

6.

To **be**	ఉండుట	*Unduta*

Present Tense

I am there	నేను ఉన్నాను	*Nenu u**nnaanu***
You are there	నువ్వు ఉన్నావు	*Nuvvu u**nnaavu***
He is there	అతడు ఉన్నాడు	*Athadu u**nnaadu***
She is there	ఆమె ఉన్నది	*Aame u**nnadhi***
They are there	వాళ్ళ ఉన్నారు	*Vaallu u**nnaaru***

Past Tense

I was there	నేను ఉన్నాను	*Nenu u**nnaanu***
You were there	నువ్వు ఉన్నావు	*Nuvvu u**nnaavu***
He was there	అతడు ఉన్నాడు	*Athadu u**nnaadu***
She was there	ఆమె ఉన్నది	*Aame u**nnadhi***
They were there	వాళ్ళ ఉన్నారు	*Vaallu u**nnaaru***

Future Tense

I will be there	నేను ఉంటాను	*Nenu un**taanu***
You will be there	నువ్వు ఉంటావు	*Nuvvu un**taavu***
He will be there	అతడు ఉంటాడు	*Athadu un**taadu***
She will be there	ఆమె ఉంటు ంది	*Aame un**tundhi***
They will be there	వాళ్ళ ఉంటారు	*Vaallu un**taaru***

Negative

I will not be there	నేను ఉండను	*Nenu un**danu***
You will not be there	నువ్వు ఉండవు	*Nuvvu un**davu***
He will not be there	అతడు ఉండడు	*Athadu un**dadu***
She will not be there	ఆమె ఉండదు	*Aame un**dadhu***
They will not be there	వాళ్ళు ఉండరు	*Vaallu un**daru***

Durative

I have been there	నేను ఉంటూ ఉన్నాను	*Nenu un**tuu unnaanu***
You have been there	నువ్వు ఉంటూ ఉన్నావు	*Nuvvu un**tuu unnaavu***
He has been there	అతడు ఉంటూ ఉన్నాడు	*Athadu un**tuu unnaadu***
She has been there	ఆమె ఉంటూ ఉన్నది	*Aame un**tuu unnadhi***
They have been there	వాళ్ళు ఉంటూ ఉన్నారు	*Vaallu un**tuu unnaaru***

Present Participle

(While) being there	ఉంటూ	*Un**tuu***

Past Participle

Being	ఉన్న	*U**nna***

Negative Participle

Not being	ఉండని	*Un**dani***

Imperative

Be!	ఉండు।	*Un**du**!*

Negative Imperative

Do not be!	ఉండకు।	*Un**daku**!*

Gerund

(The act of) being	ఉండడం	*Un**dadam***

7.

To **be able to**	చేయగలు గు ట	*Cheyagaluguta*

Present Tense

I am able to	నేను చేయగలు గు తు న్నాను	*Nenu cheyagalugu**thunnaanu***
You are able to	నువ్వు చేయగలు గు తు న్నావు	*Nuvvu cheyagalugu**thunnaavu***
He was able to	అతడు చేయగలు గు తు న్నాడు	*Athadu cheyagalugu**thunnaadu***
She was able to	ఆమె చేయగలు గు తు న్నది	*Aame cheyagalugu**thunnadhi***
They were able to	వాళ్ళ చేయగలు గు తు న్నారు	*Vaallu cheyagalugu**thunnaaru***

Past Tense

I was able to	నేను చేయగలిగాను	*Nenu cheyaga**ligaanu***
You were able to	నువ్వు చేయగలిగావు	*Nuvvu cheyaga**ligaavu***
He was able to	అతడు చేయగలిగాడు	*Athadu cheyaga**ligaadu***
She was able to	ఆమె చేయగలిగి ంది	*Aame cheyaga**ligindhi***
They were able to	వాళ్ళ చేయగలిగారు	*Vaallu cheyaga**ligaaru***

Future Tense

I will be able to	నేను చేయగలు గు తాను	*Nenu cheyagalugu**thaanu***
You will be able to	నువ్వు చేయగలు గు తావు	*Nuvvu cheyagalugu**thaavu***
He will be able to	అతడు చేయగలు గు తాడు	*Athadu cheyagalugu**thaadu***
She will be able to	ఆమె చేయగలు గు తు ంది	*Aame cheyagalugu**thundhi***
They will be able to	వాళ్ళ చేయగలు గు తారు	*Vaallu cheyagalugu**thaaru***

Negative

I will not be able to	నేను చేయలేను	*Nenu cheya**lenu***
You will not be able to	నువ్వు **చేయలేవు**	*Nuvvu cheya**levu***
He will not be able to	అతడు **చేయలేడు**	*Athadu cheya**ledu***
She will not be able to	ఆమె **చేయలేదు**	*Aame cheya**ledhu***
They will not be able to	వాళ్ళు **చేయలేరు**	*Vaallu cheya**leru***

Durative

I have been able to	నేను చేయగలుగు**తూ ఉన్నాను**	*Nenu cheyagalugu**thuu unnaanu***
You have been able to	నువ్వు చేయగలుగు**తూ ఉన్నావు**	*Nuvvu cheyagalugu**thuu unnaavu***
He has been able to	అతడు చేయగలుగు**తూ ఉన్నాడు**	*Athadu cheyagalugu**thuu unnaadu***
She has been able to	ఆమె చేయగలుగు**తూ ఉన్నది**	*Aame cheyagalugu**thuu unnadhi***
They have been able to	వాళ్ళు చేయగలుగు**తూ ఉన్నారు**	*Vaallu cheyagalugu**thuu unnaaru***

Present Participle
(While) being able to — చేయగలుగు**తూ** — *Cheyagalugu**thuu***

Past Participle
Able to — చేయగ**ల** — *Cheyaga**la***

Negative Participle
Not able to — **చేయలేని** — *Cheya**leni***

Imperative
(Be able to) do! — చే**యుము**! — *Che**yumu**!*

Negative Imperative
(Not being able to) do! — చేయ**కుము**! — *Cheya**kumu**!*

Gerund
(The act of) being able to — చేయగల**గడం** — *Cheyagala**gadam***

8.

To **become**	అవట	*Avuta*

Present Tense

I become	నేను అవతున్నాను	*Nenu avu**thunnaanu***
You become	నువ్వు అవతున్నావు	*Nuvvu avu**thunnaavu***
He becomes	అతడు అవతున్నాడు	*Athadu avu**thunnaadu***
She becomes	ఆమె అవతున్నది	*Aame avu**thunnadhi***
They become	వాళ్ళ అవతున్నారు	*Vaallu avu**thunnaaru***

Past Tense

I became	నేను అయ్యాను	*Nenu a**yyaanu***
You became	నువ్వు అయ్యావు	*Nuvvu a**yyaavu***
He became	అతడు అయ్యాడు	*Athadu a**yyaadu***
She became	ఆమె అయ్యింది	*Aame a**yyindhi***
They became	వాళ్ళ అయ్యారు	*Vaallu a**yyaaru***

Future Tense

I will become	నేను అవతాను	*Nenu avu**thaanu***
You will become	నువ్వు అవతావు	*Nuvvu avu**thaavu***
He will become	అతడు అవతాడు	*Athadu avu**thaadu***
She will become	ఆమె అవతు ంది	*Aame avu**thundhi***
They will become	వాళ్ళ అవతారు	*Vaallu avu**thaaru***

<u>Negative</u>

I will not become	నేను అవ్వను	*Nenu a**vvanu***
You will not become	నువ్వు అవ్వవు	*Nuvvu a**vvavu***
He will not become	అతడు అవ్వడు	*Athadu a**vvadu***
She will not become	ఆమె అవ్వదు	*Aame a**vvadhu***
They will not become	వాళ్ళు అవ్వరు	*Vaallu a**vvaru***

<u>Durative</u>

I have been becoming	నేను అవుతూ ఉన్నాను	*Nenu avu**thuu unnaanu***
You have been becoming	నువ్వు అవుతూ ఉన్నావు	*Nuvvu avu**thuu unnaavu***
He has been becoming	అతడు అవుతూ ఉన్నాడు	*Athadu avu**thuu unnaadu***
She has been becoming	ఆమె అవుతూ ఉన్నది	*Aame avu**thuu unnadhi***
They have been becoming	వాళ్ళు అవుతూ ఉన్నారు	*Vaallu avu**thuu unnaaru***

<u>Present Participle</u>
(While) becoming — అవుతూ — *Avu**thuu***

<u>Past Participle</u>
(Can) become — అవగల — ***Avagala***

<u>Negative Participle</u>
(Cannot) become — **అవలేని** — ***Avaleni***

<u>Imperative</u>
Become! — అవుము ! — *Avu**mu**!*

<u>Negative Imperative</u>
Do not become! — అవకుము ! — ***Avakumu**!*

<u>Gerund</u>
(The act of) becoming — అవగలగడం — ***Avagaladam***

9.

To **begin**	**మొదలు పెట్టుట**	*Modhalupettuta*

<u>Present Tense</u>

I begin	నేను మొదలు పె**డు తు న్నాను**	*Nenu modhalupe**duthunnaanu***
You begin	నువ్వు మొదలు పె**డు తు న్నావు**	*Nuvvu modhalupe**duthunnaavu***
He begins	అతడు మొదలు పె**డు తు న్నాడు**	*Athadu modhalupe**duthunnaadu***
She begins	ఆమె మొదలు పె**డు తు న్నది**	*Aame modhalupe**duthunnadhi***
They begin	వాళ్ళ మొదలు పె**డు తు న్నారు**	*Vaallu modhalupe**duthunnaaru***

<u>Past Tense</u>

I began	నేను మొదలు పె**ట్టాను**	*Nenu modhalupe**ttaanu***
You began	నువ్వు మొదలు పె**ట్టావు**	*Nuvvu modhalupe**ttaavu***
He began	అతడు మొదలు పె**ట్టాడు**	*Athadu modhalupe**ttaadu***
She began	ఆమె మొదలు పె**ట్టింది**	*Aame modhalupe**ttindhi***
They began	వాళ్ళ మొదలు పె**ట్టారు**	*Vaallu modhalupe**ttaaru***

<u>Future Tense</u>

I will begin	నేను మొదలు పె**డు తాను**	*Nenu modhalupe**duthaanu***
You will begin	నువ్వు మొదలు పె**డు తావు**	*Nuvvu modhalupe**duthaavu***
He will begin	అతడు మొదలు పె**డు తాడు**	*Athadu modhalupe**duthaadu***
She will begin	ఆమె మొదలు పె**డు తు ంది**	*Aame modhalupe**duthundhi***
They will begin	వాళ్ళ మొదలు పె**డు తారు**	*Vaallu modhalupe**duthaaru***

Negative

I will not begin	నేను మొదలు పెట్టను	*Nenu modhalupe**ttanu***
You will not begin	నువ్వు మొదలు పెట్టవు	*Nuvvu modhalupe**ttavu***
He will not begin	అతడు మొదలు పెట్టడు	*Athadu modhalupe**ttadu***
She will not begin	ఆమె మొదలు పెట్టదు	*Aame modhalupe**ttadhu***
They will not begin	వాళ్ళ మొదలు పెట్టరు	*Vaallu modhalupe**ttaru***

Durative

I have been beginning	నేను మొదలు పెడుతూ ఉన్నాను	*Nenu modhalupe**duthuu unnaanu***
You have been beginning	నువ్వు మొదలు పెడుతూ ఉన్నావు	*Nuvvu modhalupe**duthuu unnaavu***
He has been beginning	అతడు మొదలు పెడుతూ ఉన్నాడు	*Athadu modhalupe**duthuu unnaadu***
She has been beginning	ఆమె మొదలు పెడుతూ ఉన్నది	*Aame modhalupe**duthuu unnadhi***
They have been beginning	వాళ్ళ మొదలు పెడుతూ ఉన్నారు	*Vaallu modhalupe**duthuu unnaaru***

Present Participle

(While) beginning	మొదలు పెడుతూ	*Modhalupe**duthuu***

Past Participle

(Can) begin	మొదలు పెట్టగల	*Modhalupe**ttagala***

Negative Participle

(Cannot) begin	మొదలు పెట్టలేని	*Modhalupe**ttaleni***

Imperative

Begin!	మొదలు పెట్టుము !	*Modhalupe**ttumu**!*

Negative Imperative

Do not begin!	మొదలు పెట్టకు ము !	*Modhalupe**ttakumu**!*

Gerund

(The act of) beginning	మొదలు పెట్టడం	*Modhalupe**ttadam***

10.

To **break**	పగలకొట్టుట	*Pagalakottuta*

Present Tense

I break	నేను పగలకొ**డు తు న్నాను**	*Nenu pagalako**duthunnaanu***
You break	ను వ్వు పగలకొ**డు తు న్నావు**	*Nuvvu pagalako**duthunnaavu***
He breaks	అతడు పగలకొ**డు తు న్నాడు**	*Athadu pagalako**duthunnaadu***
She breaks	ఆమె పగలకొ**డు తు న్నది**	*Aame pagalako**duthunnadhi***
They break	వాళ్ళు పగలకొ**డు తు న్నారు**	*Vaallu pagalako**duthunnaaru***

Past Tense

I broke	నేను పగలకొ**ట్టాను**	*Nenu pagalako**ttaanu***
You broke	ను వ్వు పగలకొ**ట్టావు**	*Nuvvu pagalako**ttaavu***
He broke	అతడు పగలకొ**ట్టాడు**	*Athadu pagalako**ttaadu***
She broke	ఆమె పగలకొ**ట్టింది**	*Aame pagalako**ttindhi***
They broke	వాళ్ళు పగలకొ**ట్టారు**	*Vaallu pagalako**ttaaru***

Future Tense

I will break	నేను పగలకొ**డతాను**	*Nenu pagalako**dathaanu***
You will break	ను వ్వు పగలకొ**డతావు**	*Nuvvu pagalako**dathaavu***
He will break	అతడు పగలకొ**డతాడు**	*Athadu pagalako**dathaadu***
She will break	ఆమె పగలకొ**డతు ంది**	*Aame pagalako**duthundhi***
They will break	వాళ్ళు పగలకొ**డతారు**	*Vaallu pagalako**dathaaru***

Negative

I will not break	నేను పగలకొట్టను	*Nenu pagalako**ttanu***
You will not break	నువ్వు పగలకొట్టవు	*Nuvvu pagalako**ttavu***
He will not break	అతడు పగలకొట్టడు	*Athadu pagalako**ttadu***
She will not break	ఆమె పగలకొట్టదు	*Aame pagalako**ttadhu***
They will not break	వాళ్ళ పగలకొట్టరు	*Vaallu pagalako**ttaru***

Durative

I have been breaking	నేను పగలకొడుతూ ఉన్నాను	*Nenu pagalako**duthuu unnaanu***
You have been breaking	నువ్వు పగలకొడుతూ ఉన్నావు	*Nuvvu pagalako**duthuu unnaavu***
He has been breaking	అతడు పగలకొడుతూ ఉన్నాడు	*Athadu pagalako**duthuu unnaadu***
She has been breaking	ఆమె పగలకొడుతూ ఉన్నది	*Aame pagalako**duthuu unnadhi***
They have been breaking	వాళ్ళ పగలకొడుతూ ఉన్నారు	*Vaallu pagala**koduthuu unnaaru***

Present Participle

(While) breaking	పగలకొడుతూ	*Pagalako**duthuu***

Past Participle

(Can) break	పగలకొట్టగల	*Pagalako**ttagala***

Negative Participle

(Cannot) break	**పగలు కొట్టలేని**	*Pagalako**ttaleni***

Imperative

Break!	పగలకొట్టుము !	*Pagalako**ttumu**!*

Negative Imperative

Do not break!	పగలకొట్టకుము !	*Pagalako**ttakumu**!*

Gerund

(The act of) breaking	పగలకొట్టడం	*Pagalako**ttadam***

11.

To **breathe**	శ్వసించుట	*Sshwasinchuta*

Present Tense

I breathe	నేను శ్వసించు**చున్నాను**	*Nenu sshwasinchu**chunnaanu***
You breathe	నువ్వు శ్వసించు**చున్నావు**	*Nuvvu sshwasinchu**chunnaavu***
He breathes	అతడు శ్వసించు**చున్నాడు**	*Athadu sshwasinchu**chunnaadu***
She breathes	ఆమె శ్వసించు**చున్నది**	*Aame sshwasinchu**chunnadhi***
They breathe	వాళ్ళు శ్వసించు**చున్నారు**	*Vaallu sshwasinchu**chunnaaru***

Past Tense

I breathed	నేను శ్వసించాను	*Nenu sshwasin**chaanu***
You breathed	నువ్వు శ్వసించావు	*Nuvvu sshwasin**chaavu***
He breathed	అతడు శ్వసించాడు	*Athadu sshwasin**chaadu***
She breathed	ఆమె శ్వసించింది	*Aame sshwasin**chindhi***
They breathed	వాళ్ళు శ్వసించారు	*Vaallu sshwasin**chaaru***

Future Tense

I will breathe	నేను శ్వసి**స్తాను**	*Nenu sshwasi**sthaanu***
You will breathe	నువ్వు శ్వసి**స్తావు**	*Nuvvu sshwasi**sthaavu***
He will breathe	అతడు శ్వసి**స్తాడు**	*Athadu sshwasi**sthaadu***
She will breathe	ఆమె శ్వసి**స్తుంది**	*Aame sshwasi**sthundhi***
They will breathe	వాళ్ళు శ్వసి**స్తారు**	*Vaallu sshwasi**sthaaru***

Negative

I will not breathe	నేను శ్వాసి ంచను	*Nenu sshwasin**chanu***
You will not breathe	నువ్వు శ్వాసి ంచవు	*Nuvvu sshwasin**chavu***
He will not breathe	అతడు శ్వాసి ంచడు	*Athadu sshwasin**chadu***
She will not breathe	ఆమె శ్వాసి ంచదు	*Aame sshwasin**chadhu***
They will not breathe	వాళ్ళు శ్వాసి ంచరు	*Vaallu sshwasin**charu***

Durative

I have been breathing	నేను శ్వాసిస్తూ ఉన్నాను	*Nenu sshwasi**sthuu unnaanu***
You have been breathing	నువ్వు శ్వాసిస్తూ ఉన్నావు	*Nuvvu sshwasi**sthuu unnaavu***
He has been breathing	అతడు శ్వాసిస్తూ ఉన్నాడు	*Athadu sshwasi**sthuu unnaadu***
She has been breathing	ఆమె శ్వాసిస్తూ ఉన్నది	*Aame sshwasi**sthuu unnadhi***
They have been breathing	వాళ్ళు శ్వాసిస్తూ ఉన్నారు	*Vaallu sshwasi**sthuu unnaaru***

Present Participle
(While) breathing — శ్వాసిస్తూ — *Sshwa**sisthuu***

Past Participle
(Can) breathe — శ్వాసి ంచగల — *Sshwasin**chagala***

Negative Participle
(Cannot) breathe — శ్వాసి ంచలేని — *Sshwasin**chaleni***

Imperative
Breathe! — శ్వాసి ంచు ము ! — *Sshwasin**chumu**!*

Negative Imperative
Do not breathe! — శ్వాసి ంచకు ము ! — *Sshwasin**chakumu**!*

Gerund
(The act of) breathing — శ్వాసి ంచడం — *Sshwasin**chadam***

12.

To **buy**	కొనుట	*Konuta*

Present Tense

I buy	నేను కొంటున్నాను	*Nenu kon**tunnaanu***
You buy	నువ్వు కొంటున్నావు	*Nuvvu kon**tunnaavu***
He buys	అతడు కొంటున్నాడు	*Athadu kon**tunnaadu***
She buys	ఆమె కొంటున్నది	*Aame kon**tunnadhi***
They buy	వాళ్ళ కొంటున్నారు	*Vaallu kon**tunnaaru***

Past Tense

I bought	నేను కొన్నాను	*Nenu ko**nnaanu***
You bought	నువ్వు కొన్నావు	*Nuvvu ko**nnaavu***
He bought	అతడు కొన్నాడు	*Athadu ko**nnaadu***
She bought	ఆమె కొన్నది	*Aame ko**nnadhi***
They bought	వాళ్ళ కొన్నారు	*Vaallu ko**nnaaru***

Future Tense

I will buy	నేను కొంటాను	*Nenu kon**taanu***
You will buy	నువ్వు కొంటావు	*Nuvvu kon**taavu***
He will buy	అతడు కొంటాడు	*Athadu kon**taadu***
She will buy	ఆమె కొంటుంది	*Aame kon**tundhi***
They will buy	వాళ్ళ కొంటారు	*Vaallu kon**taaru***

Negative

I will not buy	నేను కొనను	*Nenu ko**nanu***
You will not buy	నువ్వు కొనవు	*Nuvvu ko**navu***
He will not buy	అతడు కొనడు	*Athadu ko**nadu***
She will not buy	ఆమె కొనదు	*Aame ko**nadhu***
They will not buy	వాళ్ళు కొనరు	*Vaallu ko**naru***

Durative

I have been buying	నేను కొంటూ ఉన్నాను	*Nenu kon**tuu unnaanu***
You have been buying	నువ్వు కొంటూ ఉన్నావు	*Nuvvu kon**tuu unnaavu***
He has been buying	అతడు కొంటూ ఉన్నాడు	*Athadu kon**tuu unnaadu***
She has been buying	ఆమె కొంటూ ఉన్నది	*Aame kon**tuu unnadhi***
They have been buying	వాళ్ళు కొంటూ ఉన్నారు	*Vaallu kon**tuu unnaaru***

Present Participle
(While) buying   కొంటూ   *Kon**tuu***

Past Participle
(Can) buy   కొనగల   *Ko**nagala***

Negative Participle
(Cannot) buy   కొనలేని   *Ko**naleni***

Imperative
Buy!   కొనుము!   *Ko**numu*!*

Negative Imperative
Do not buy!   కొనకుము!   *Ko**nakumu*!*

Gerund
(The act of) buying   కొనడం   *Ko**nadam***

13.

To **call**	పిలు వట	*Piluvuta*

<u>Present Tense</u>

I call	నేను పిలు**స్తున్నాను**	*Nenu pilu**sthunnaanu***
You call	ను వ్వు పిలు**స్తున్నావు**	*Nuvvu pilu**sthunnaavu***
He calls	అతడు పిలు**స్తున్నాడు**	*Athadu pilu**sthunnaadu***
She calls	ఆమె పిలు**స్తున్నది**	*Aame pilu**sthunnadhi***
They call	వాళ్ళ పిలు**స్తున్నారు**	*Vaallu pilu**sthunnaaru***

<u>Past Tense</u>

I called	నేను పి**లిచాను**	*Nenu pi**lichaanu***
You called	ను వ్వు పి**లిచావు**	*Nuvvu pi**lichaavu***
He called	అతడు పి**లిచాడు**	*Athadu pi**lichaadu***
She called	ఆమె పి**లిచి ంది**	*Aame pi**lichindhi***
They called	వాళ్ళ పి**లిచారు**	*Vaallu pi**lichaaru***

<u>Future Tense</u>

I will call	నేను పిలు**స్తాను**	*Nenu pilu**sthaanu***
You will call	ను వ్వు పిలు**స్తావు**	*Nuvvu pilu**sthaavu***
He will call	అతడు పిలు**స్తాడు**	*Athadu pilu**sthaadu***
She will call	ఆమె పిలు**స్తుంది**	*Aame pilu**sthundhi***
They will call	వాళ్ళ పిలు**స్తారు**	*Vaallu pilu**sthaaru***

Negative

I will not call	నేను పిలవను	*Nenu pi**lavanu***
You will not call	నువ్వు పిలవవు	*Nuvvu pi**lavavu***
He will not call	అతడు పిలవడు	*Athadu pi**lavadu***
She will not call	ఆమె పిలవదు	*Aame pi**lavadhu***
They will not call	వాళ్ళు పిలవరు	*Vaallu pi**lavaru***

Durative

I have been calling	నేను పిలుస్తూ ఉన్నాను	*Nenu pilu**sthuu unnaanu***
You have been calling	నువ్వు పిలుస్తూ ఉన్నావు	*Nuvvu pilu**sthuu unnaavu***
He has been calling	అతడు పిలుస్తూ ఉన్నాడు	*Athadu pilu**sthuu unnaadu***
She has been calling	ఆమె పిలుస్తూ ఉన్నది	*Aame pilu**sthuu unnadhi***
They have been calling	వాళ్ళు పిలుస్తూ ఉన్నారు	*Vaallu pilu**sthuu unnaaru***

Present Participle
(While) calling — పిలుస్తూ — *Pilu**sthuu***

Past Participle
(Can) call — పిలువగల — *Pilu**vagala***

Negative Participle
(Cannot) call — పిలవలేని — *Pi**lavaleni***

Imperative
Call! — పిలువుము ! — *Pilu**vumu**!*

Negative Imperative
Do not call! — పిలువకుము ! — *Pilu**vakumu**!*

Gerund
(The act of) calling — పిలవడం — *Pi**lavadam***

14.

| To **choose** | ఎన్నుకొనుట | *Ennukonuta* |

Present Tense

I choose	నేను ఎన్నుకొంటున్నాను	*Nenu ennukon**tunnaanu***
You choose	నువ్వు ఎన్నుకొంటున్నావు	*Nuvvu ennukon**tunnaavu***
He chooses	అతడు ఎన్నుకొంటున్నాడు	*Athadu ennukon**tunnaadu***
She chooses	ఆమె ఎన్నుకొంటున్నది	*Aame ennu**kontunnadhi***
They choose	వాళ్ళు ఎన్నుకొంటున్నారు	*Vaallu ennu**kontunnaaru***

Past Tense

I chose	నేను ఎన్నుకొన్నాను	*Nenu ennuko**nnaanu***
You chose	నువ్వు ఎన్నుకొన్నావు	*Nuvvu ennuko**nnaavu***
He chose	అతడు ఎన్నుకొన్నాడు	*Athadu ennuko**nnaadu***
She chose	ఆమె ఎన్నుకొన్నది	*Aame ennuko**nnadhi***
They chose	వాళ్ళు ఎన్నుకొన్నారు	*Vaallu ennuko**nnaaru***

Future Tense

I will choose	నేను ఎన్నుకొంటాను	*Nenu ennukon**taanu***
You will choose	నువ్వు ఎన్నుకొంటావు	*Nuvvu ennukon**taavu***
He will choose	అతడు ఎన్నుకొంటాడు	*Athadu ennukon**taadu***
She will choose	ఆమె ఎన్నుకొంటుంది	*Aame ennukon**tundhi***
They will choose	వాళ్ళు ఎన్నుకొంటారు	*Vaallu ennukon**taaru***

<u>Negative</u>

I will not choose	నేను ఎన్నుకోను	*Nenu ennu**konu***
You will not choose	నువ్వు ఎన్నుకోవు	*Nuvvu ennu**kovu***
He will not choose	అతడు ఎన్నుకోడు	*Athadu ennu**kodu***
She will not choose	ఆమె ఎన్నుకోదు	*Aame ennu**kodhu***
They will not choose	వాళ్ళు ఎన్నుకోరు	*Vaallu ennu**koru***

<u>Durative</u>

I have been choosing	నేను ఎన్నుకొంటూ ఉన్నాను	*Nenu ennukon**tuu unnaanu***
You have been choosing	నువ్వు ఎన్నుకొంటూ ఉన్నావు	*Nuvvu ennukon**tuu unnaavu***
He has been choosing	అతడు ఎన్నుకొంటూ ఉన్నాడు	*Athadu ennukon**tuu unnaadu***
She has been choosing	ఆమె ఎన్నుకొంటూ ఉన్నది	*Aame ennukon**tuu unnadhi***
They have been choosing	వాళ్ళు ఎన్నుకొంటూ ఉన్నారు	*Vaallu ennukon**tuu unnaaru***

<u>Present Participle</u> (While) choosing	ఎన్నుకొంటూ	*Ennukon**tuu***
<u>Past Participle</u> (Can) choose	ఎన్నుకోగల	*Ennu**kogala***
<u>Negative Participle</u> (Cannot) choose	ఎన్నుకోలేని	*Ennu**koleni***
<u>Imperative</u> Choose!	ఎన్నుకోనుము !	*Ennu**konumu**!*
<u>Negative Imperative</u> Do not choose!	ఎన్నుకోకుము !	*Ennu**kokumu**!*
<u>Gerund</u> (The act of) choosing	ఎన్నుకోవడం	*Ennu**kovadam***

15.

| To **close** | ముగించుట | *Muginchuta* |

<u>Present Tense</u>

I close	నేను ముగించుచున్నాను	*Nenu muginchuchunnaanu*
You close	నువ్వు ముగించుచున్నావు	*Nuvvu muginchuchunnaavu*
He closes	అతడు ముగించుచున్నాడు	*Athadu muginchuchunnaadu*
She closes	ఆమె ముగించుచున్నది	*Aame muginchuchunnadhi*
They close	వాళ్ళు ముగించుచున్నారు	*Vaallu muginchuchunnaaru*

<u>Past Tense</u>

I closed	నేను ముగించాను	*Nenu muginchaanu*
You closed	నువ్వు ముగించావు	*Nuvvu muginchaavu*
He closed	అతడు ముగించాడు	*Athadu muginchaadu*
She closed	ఆమె ముగించింది	*Aame muginchindhi*
They closed	వాళ్ళు ముగించారు	*Vaallu muginchaaru*

<u>Future Tense</u>

I will close	నేను ముగిస్తాను	*Nenu mugisthaanu*
You will close	నువ్వు ముగిస్తావు	*Nuvvu mugisthaavu*
He will close	అతడు ముగిస్తాడు	*Athadu mugisthaadu*
She will close	ఆమె ముగిస్తుంది	*Aame mugisthundhi*
They will close	వాళ్ళు ముగిస్తారు	*Vaallu mugisthaaru*

Negative

I will not close	నేను మ గి ంచను	*Nenu mugin**chanu***
You will not close	ను వ్వు మ గి ంచవు	*Nuvvu mugin**chavu***
He will not close	అతడు మ గి ంచడు	*Athadu mugin**chadu***
She will not close	ఆమె మ గి ంచదు	*Aame mugin**chadhu***
They will not close	వా ళ్ళు మ గి ంచరు	*Vaallu mugin**charu***

Durative

I have been closing	నేను మ గిస్తూఉన్నాను	*Nenu mugi**sthuu unnaanu***
You have been closing	ను వ్వు మ గిస్తూఉన్నావు	*Nuvvu mugi**sthuu unnaavu***
He has been closing	అతడు మ గిస్తూఉన్నాడు	*Athadu mugi**sthuu unnaadu***
She has been closing	ఆమె మ గిస్తూఉన్నది	*Aame mugi**sthuu unnadhi***
They have been closing	వా ళ్ళు మ గిస్తూఉన్నారు	*Vaallu mugi**sthuu unnaaru***

Present Participle
(While) closing — మ గిస్తూ — *Mugi**sthuu***

Past Participle
(Can) close — మ గి ంచగల — *Mugin**chagala***

Negative Participle
(Cannot) close — మ గి ంచలేని — *Mugin**chaleni***

Imperative
Close! — మ గి ంచు ము ! — *Mugin**chumu**!*

Negative Imperative
Do not close! — మ గి ంచకు ము ! — *Mugin**chakumu**!*

Gerund
(The act of) closing — మ గి ంచడం — *Mugin**chadam***

16.

| To **come** | వచ్చుట | *Vachchuta* |

Present Tense

I come	నేను వస్తున్నాను	*Nenu vasthunnaanu*
You come	నువ్వు వస్తున్నావు	*Nuvvu vasthunnaavu*
He comes	అతడు వస్తున్నాడు	*Athadu vasthunnaadu*
She comes	ఆమె వస్తున్నది	*Aame vasthunnadhi*
They come	వాళ్ళు వస్తున్నారు	*Vaallu vasthunnaaru*

Past Tense

I came	నేను వచ్చాను	*Nenu vachchaanu*
You came	నువ్వు వచ్చావు	*Nuvvu vachchaavu*
He came	అతడు వచ్చాడు	*Athadu vachchaadu*
She came	ఆమె వచ్చింది	*Aame vachchindhi*
They came	వాళ్ళు వచ్చారు	*Vaallu vachchaaru*

Future Tense

I will come	నేను వస్తాను	*Nenu vasthaanu*
You will come	నువ్వు వస్తావు	*Nuvvu vasthaavu*
He will come	అతడు వస్తాడు	*Athadu vasthaadu*
She will come	ఆమె వస్తుంది	*Aame vasthundhi*
They will come	వాళ్ళు వస్తారు	*Vaallu vasthaaru*

Negative

I will not come	నేను రాను	*Nenu* ***raanu***
You will not come	నువ్వు రావు	*Nuvvu* ***raavu***
He will not come	అతడు రాడు	*Athadu* ***raadu***
She will not come	ఆమె రాదు	*Aame* ***raadhu***
They will not come	వాళ్ళు రారు	*Vaallu* ***raaru***

Durative

I have been coming	నేను వస్తూఉన్నాను	*Nenu va****sthuu unnaanu***
You have been coming	నువ్వు వస్తూఉన్నావు	*Nuvvu va****sthuu unnaavu***
He has been coming	అతడు వస్తూఉన్నాడు	*Athadu va****sthuu unnaadu***
She has been coming	ఆమె వస్తూఉన్నది	*Aame va****sthuu unnadhi***
They have been coming	వాళ్ళు వస్తూఉన్నారు	*Vaallu va****sthuu unnaaru***

Present Participle (While) coming	వస్తూ	*Va****sthuu***
Past Participle (Can) come	రాగల	***Raagala***
Negative Participle (Cannot) come	రాలేని	***Raaleni***
Imperative Come!	రమ్ము	***Rammu****!*
Negative Imperative Do not come!	రాకుమ !	***Raakumu****!*
Gerund (The act of) coming	రావడం	**Raavadam**

17.

To **cook**	వండుట	*Vanduta*

Present Tense

I cook	నేను వండు**తున్నాను**	*Nenu vandu**thunnaanu***
You cook	నువ్వు వండు**తున్నావు**	*Nuvvu vandu**thunnaavu***
He cooks	అతడు వండు**తున్నాడు**	*Athadu vandu**thunnaadu***
She cooks	ఆమె వండు**తున్నది**	*Aame vandu**thunnadhi***
They cook	వాళ్ళు వండు**తున్నారు**	*Vaallu vandu**thunnaaru***

Past Tense

I cooked	నేను వం**డాను**	*Nenu van**daanu***
You cooked	నువ్వు వం**డావు**	*Nuvvu van**daavu***
He cooked	అతడు వం**డాడు**	*Athadu van**daadu***
She cooked	ఆమె వం**డింది**	*Aame van**dindhi***
They cooked	వాళ్ళు వం**డారు**	*Vaallu van**daaru***

Future Tense

I will cook	నేను వండు**తాను**	*Nenu vandu**thaanu***
You will cook	నువ్వు వండు**తావు**	*Nuvvu vandu**thaavu***
He will cook	అతడు వండు**తాడు**	*Athadu vandu**thaadu***
She will cook	ఆమె వండు**తుంది**	*Aame vandu**thundhi***
They will cook	వాళ్ళు వండు**తారు**	*Vaallu vandu**thaaru***

<u>Negative</u>

I will not cook	నేను వం**డను**	*Nenu van**danu***
You will not cook	నువ్వు వం**డవు**	*Nuvvu van**davu***
He will not cook	అతడు వం**డడు**	*Athadu van**dadu***
She will not cook	ఆమె వం**డదు**	*Aame van**dadhu***
They will not cook	వాళ్ళు వం**డరు**	*Vaallu van**daru***

<u>Durative</u>

I have been cooking	నేను వండు**తూ ఉన్నాను**	*Nenu vandu**thuu unnaanu***
You have been cooking	నువ్వు వండు**తూ ఉన్నావు**	*Nuvvu vandu**thuu unnaavu***
He has been cooking	అతడు వండు**తూ ఉన్నాడు**	*Athadu vandu**thuu unnaadu***
She has been cooking	ఆమె వండు**తూ ఉన్నది**	*Aame vandu**thuu unnadhi***
They have been cooking	వాళ్ళు వండు**తూ ఉన్నారు**	*Vaallu vandu**thuu unnaaru***

<u>Present Participle</u> (While) cooking	వండు**తూ**	*Vandu**thuu***
<u>Past Participle</u> (Can) cook	వండగల	*Van**dagala***
<u>Negative Participle</u> (Cannot) cook	వండలేని	*Van**daleni***
<u>Imperative</u> Cook!	వండు**ము** !	*Vandu**mu**!*
<u>Negative Imperative</u> Do not cook!	వండ**కు ము** !	*Van**dakumu**!*
<u>Gerund</u> (The act of) cooking	వం**డడం**	*Van**dadam***

18.

To **cry**	ఏడవట	*Eduvuta*

Present Tense

I cry	నేను ఏడ **స్తున్నాను**	*Nenu edu**sthunnaanu***
You cry	నువ్వు ఏడ **స్తున్నావు**	*Nuvvu edu**sthunnaavu***
He cries	అతడు ఏడ **స్తున్నాడు**	*Athadu edu**sthunnaadu***
She cries	ఆమె ఏడ **స్తున్నది**	*Aame edu**sthunnadhi***
They cry	వాళ్ళు ఏడ **స్తున్నారు**	*Vaallu edu**sthunnaaru***

Past Tense

I cried	నేను ఏ**డిచాను**	*Nenu e**dichaanu***
You cried	నువ్వు ఏ**డిచావు**	*Nuvvu e**dichaavu***
He cried	అతడు ఏ**డిచాడు**	*Athadu e**dichaadu***
She cried	ఆమె ఏ**డిచి ంది**	*Aame e**dichindhi***
They cried	వాళ్ళు ఏ**డిచారు**	*Vaallu e**dichaaru***

Future Tense

I will cry	నేను ఏడ **స్తాను**	*Nenu edu**sthaanu***
You will cry	నువ్వు ఏడ **స్తావు**	*Nuvvu edu**sthaavu***
He will cry	అతడు ఏడ **స్తాడు**	*Athadu edu**sthaadu***
She will cry	ఆమె ఏడ **స్తుంది**	*Aame edu**sthundhi***
They will cry	వాళ్ళు ఏడ **స్తారు**	*Vaallu edu**sthaaru***

<u>Negative</u>

I will not cry	నేను ఏడవను	*Nenu e**davanu***
You will not cry	నువ్వు ఏడవవు	*Nuvvu e**davavu***
He will not cry	అతడు ఏడవడు	*Athadu e**davadu***
She will not cry	ఆమె ఏడవదు	*Aame e**davadhu***
They will not cry	వాళ్ళు ఏడవరు	*Vaallu e**davaru***

<u>Durative</u>

I have been crying	నేను ఏడు**స్తూ ఉన్నాను**	*Nenu edu**sthuu unnaanu***
You have been crying	నువ్వు ఏడు**స్తూ ఉన్నావు**	*Nuvvu edu**sthuu unnaavu***
He has been crying	అతడు ఏడు**స్తూ ఉన్నాడు**	*Athadu edu**sthuu unnaadu***
She has been crying	ఆమె ఏడు**స్తూ ఉన్నది**	*Aame edu**sthuu unnadhi***
They have been crying	వాళ్ళు ఏడు**స్తూ ఉన్నారు**	*Vaallu edu**sthuu unnaaru***

<u>Present Participle</u>
(While) crying — ఏడు**స్తూ** — *Edu**sthuu***

<u>Past Participle</u>
(Can) cry — ఏడవగల — ***Edavagala***

<u>Negative Participle</u>
(Cannot) cry — ఏడవలేని — ***Edavaleni***

<u>Imperative</u>
Cry! — ఏడు**వ ము** । — *Edu**vumu**!*

<u>Negative Imperative</u>
Do not cry! — ఏడవకుము । — ***Edavakumu**!*

<u>Gerund</u>
(The act of) crying — ఏడవడం — ***Edavadam***

19.

To **dance**	నాట్యచేయు ట	*Naatyam cheyuta*

<u>Present Tense</u>

I dance	నేను నాట్యచేస్తున్నాను	*Nenu naatyam che**sthunnaanu***
You dance	నువ్వు నాట్యచేస్తున్నావు	*Nuvvu naatyam che**sthunnaavu***
He dances	అతడు నాట్యచేస్తున్నాడు	*Athadu naatyam che**sthunnaadu***
She dances	ఆమె నాట్యచేస్తున్నది	*Aame naatyam che**sthunnadhi***
They dance	వాళ్ళ నాట్యచేస్తున్నారు	*Vaallu naatyam che**sthunnaaru***

<u>Past Tense</u>

I danced	నేను నాట్యచేసాను	*Nenu naatyam che**saanu***
You danced	నువ్వు నాట్యచేసావు	*Nuvvu naatyam che**saavu***
He danced	అతడు నాట్యచేసాడు	*Athadu naatyam che**saadu***
She danced	ఆమె నాట్యచేసి ది	*Aame naatyam che**sindhi***
They danced	వాళ్ళ నాట్యచేసారు	*Vaallu naatyam che**saaru***

<u>Future Tense</u>

I will dance	నేను నాట్యచేస్తాను	*Nenu naatyam che**sthaanu***
You will dance	నువ్వు నాట్యచేస్తావు	*Nuvvu naatyam che**sthaavu***
He will dance	అతడు నాట్యచేస్తాడు	*Athadu naatyam che**sthaadu***
She will dance	ఆమె నాట్యచేస్తది	*Aame naatyam che**sthundhi***
They will dance	వాళ్ళ నాట్యచేస్తారు	*Vaallu naatyam che**sthaaru***

Negative

I will not dance	నేను నాట్యం**చెయ్యను**	*Nenu naatyam **cheyyanu***
You will not dance	నువ్వు నాట్యం**చెయ్యవు**	*Nuvvu naatyam **cheyyavu***
He will not dance	అతడు నాట్యం**చెయ్యడు**	*Athadu naatyam **cheyyadu***
She will not dance	ఆమె నాట్యం**చెయ్యదు**	*Aame naatyam **cheyyadhu***
They will not dance	వాళ్ళు నాట్యం**చెయ్యరు**	*Vaallu naatyam **cheyyaru***

Durative

I have been dancing	నేను నాట్యంచే**స్తూఉన్నాను**	*Nenu naatyam che**sthuu unnaanu***
You have been dancing	నువ్వు నాట్యంచే**స్తూఉన్నావు**	*Nuvvu naatyam che**sthuu unnaavu***
He has been dancing	అతడు నాట్యంచే**స్తూఉన్నాడు**	*Athadu naatyam che**sthuu unnaadu***
She has been dancing	ఆమె నాట్యంచే**స్తూఉన్నది**	*Aame naatyam che**sthuu unnadhi***
They have been dancing	వాళ్ళు నాట్యంచే**స్తూఉన్నారు**	*Vaallu naatyam che**sthuu unnaaru***

Present Participle (While) crying	నాట్యంచే**స్తూ**	*Naatyam che**sthuu***
Past Participle (Can) dance	నాట్యంచేయగల	*Naatyam che**yagala***
Negative Participle (Cannot) dance	నాట్యంచేయలేని	*Naatyam che**yaleni***
Imperative Dance!	నాట్యంచేయు **ము** !	*Naatyam cheyu**mu**!*
Negative Imperative Do not dance!	నాట్యంచేయ**కు ము** !	*Naatyam che**yakumu**!*
Gerund (The act of) dancing	నాట్యంచేయడం	*Naatyam cheya**dam***

20.

To **decide**	నిర్ణయించుట	*Nirnayinchuta*

Present Tense

I decide	నేను నిర్ణయిస్తున్నాను	*Nenu nirnayi**sthunnaanu***
You decide	నువ్వు నిర్ణయిస్తున్నావు	*Nuvvu nirnayi**sthunnaavu***
He decides	అతడు నిర్ణయిస్తున్నాడు	*Athadu nirnayi**sthunnaadu***
She decides	ఆమె నిర్ణయిస్తున్నది	*Aame nirnayi**sthunnadhi***
They decide	వాళ్ళ నిర్ణయిస్తున్నారు	*Vaallu nirnayi**sthunnaaru***

Past Tense

I decided	నేను నిర్ణయించాను	*Nenu nirnayin**chaanu***
You decided	నువ్వు నిర్ణయించావు	*Nuvvu nirnayin**chaavu***
He decided	అతడు నిర్ణయించాడు	*Athadu nirnayin**chaadu***
She decided	ఆమె నిర్ణయించింది	*Aame nirnayin**chindhi***
They decided	వాళ్ళ నిర్ణయించారు	*Vaallu nirnayin**chaaru***

Future Tense

I will decide	నేను నిర్ణయిస్తాను	*Nenu nirnayi**sthaanu***
You will decide	నువ్వు నిర్ణయిస్తావు	*Nuvvu nirnayi**sthaavu***
He will decide	అతడు నిర్ణయిస్తాడు	*Athadu nirnayi**sthaadu***
She will decide	ఆమె నిర్ణయిస్తుంది	*Aame nirnayi**sthundhi***
They will decide	వాళ్ళ నిర్ణయిస్తారు	*Vaallu nirnayi**sthaaru***

Negative

I will not decide	నేను నిర్ణయించను	*Nenu nirnayin**chanu***
You will not decide	నువ్వు నిర్ణయించవు	*Nuvvu nirnayin**chavu***
He will not decide	అతడు నిర్ణయించడు	*Athadu nirnayin**chadu***
She will not decide	ఆమె నిర్ణయించదు	*Aame nirnayin**chadhu***
They will not decide	వాళ్ళు నిర్ణయించరు	*Vaallu nirnayin**charu***

Durative

I have been deciding	నేను నిర్ణయిస్తూ ఉన్నాను	*Nenu nirnayi**sthuu unnaanu***
You have been deciding	నువ్వు నిర్ణయిస్తూ ఉన్నావు	*Nuvvu nirnayi**sthuu unnaavu***
He has been deciding	అతడు నిర్ణయిస్తూ ఉన్నాడు	*Athadu nirnayi**sthuu unnaadu***
She has been deciding	ఆమె నిర్ణయిస్తూ ఉన్నది	*Aame nirnayi**sthuu unnadhi***
They have been deciding	వాళ్ళు నిర్ణయిస్తూ ఉన్నారు	*Vaallu nirnayi**sthuu unnaaru***

Present Participle		
(While) deciding	నిర్ణయిస్తూ	*Nirnayi**sthuu***
Past Participle		
(Can) decide	నిర్ణయించగల	*Nirnayin**chagala***
Negative Participle		
(Cannot) decide	నిర్ణయించలేని	*Nirnayin**chaleni***
Imperative		
Decide!	నిర్ణయించుము !	*Nirnayin**chumu**!*
Negative Imperative		
Do not decide!	నిర్ణయించకుము !	*Nirnayin**chakumu**!*
Gerund		
(The act of) deciding	నిర్ణయించడం	*Nirnayin**chadam***

21.

To decrease   తగ్గించుట   *Thagginchuta*

Present Tense

I decrease	నేను తగ్గిస్తున్నాను	*Nenu thaggisthunnaanu*
You decrease	నువ్వు తగ్గిస్తున్నావు	*Nuvvu thaggisthunnaavu*
He decreases	అతడు తగ్గిస్తున్నాడు	*Athadu thaggisthunnaadu*
She decreases	ఆమె తగ్గిస్తున్నది	*Aame thaggisthunnadhi*
They decrease	వాళ్ళు తగ్గిస్తున్నారు	*Vaallu thaggisthunnaaru*

Past Tense

I decreased	నేను తగ్గించాను	*Nenu thagginchaanu*
You decreased	నువ్వు తగ్గించావు	*Nuvvu thagginchaavu*
He decreased	అతడు తగ్గించాడు	*Athadu thagginchaadu*
She decreased	ఆమె తగ్గించింది	*Aame thagginchindhi*
They decreased	వాళ్ళు తగ్గించారు	*Vaallu thagginchaaru*

Future Tense

I will decrease	నేను తగ్గిస్తాను	*Nenu thaggisthaanu*
You will decrease	నువ్వు తగ్గిస్తావు	*Nuvvu thaggisthaavu*
He will decrease	అతడు తగ్గిస్తాడు	*Athadu thaggisthaadu*
She will decrease	ఆమె తగ్గిస్తుంది	*Aame thaggisthundhi*
They will decrease	వాళ్ళు తగ్గిస్తారు	*Vaallu thaggisthaaru*

Negative

I will not decrease	నేను తగ్గించను	*Nenu thagginchanu*
You will not decrease	నువ్వు తగ్గించవు	*Nuvvu thagginchavu*
He will not decrease	అతడు తగ్గించడు	*Athadu thagginchadu*
She will not decrease	ఆమె తగ్గించదు	*Aame thagginchadhu*
They will not decrease	వాళ్ళు తగ్గించరు	*Vaallu thaggincharu*

Durative

I have been decreasing	నేను తగ్గిస్తూ ఉన్నాను	*Nenu thaggisthuu unnaanu*
You have been decreasing	నువ్వు తగ్గిస్తూ ఉన్నావు	*Nuvvu thaggisthuu unnaavu*
He has been decreasing	అతడు తగ్గిస్తూ ఉన్నాడు	*Athadu thaggisthuu unnaadu*
She has been decreasing	ఆమె తగ్గిస్తూ ఉన్నది	*Aame thaggisthuu unnadhi*
They have been decreasing	వాళ్ళు తగ్గిస్తూ ఉన్నారు	*Vaallu thaggisthuu unnaaru*

Present Participle (While) deciding	తగ్గిస్తూ	*Thaggisthuu*
Past Participle (Can) decrease	తగ్గించగల	*Thagginchagala*
Negative Participle (Cannot) decrease	తగ్గించలేని	*Thagginchaleni*
Imperative Decrease!	తగ్గించుము !	*Thagginchumu!*
Negative Imperative Do not decrease!	తగ్గించకుము !	*Thagginchakumu!*
Gerund (The act of) decreasing	తగ్గించడం	*Thagginchadam*

22.

| To **die** | చనిపోవుట | *Chanipovuta* |

Present Tense

I die	నేను చనిపోతున్నాను	*Nenu chanipo**thunnaanu***
You die	నువ్వు చనిపోతున్నావు	*Nuvvu chanipo**thunnaavu***
He dies	అతడు చనిపోతున్నాడు	*Athadu chanipo**thunnaadu***
She dies	ఆమె చనిపోతున్నది	*Aame chanipo**thunnadhi***
They die	వాళ్ళు చనిపోతున్నారు	*Vaallu chanipo**thunnaaru***

Past Tense

I died	నేను చనిపోయాను	*Nenu chanipo**yaanu***
You died	నువ్వు చనిపోయావు	*Nuvvu chanipo**yaavu***
He died	అతడు చనిపోయాడు	*Athadu chanipo**yaadu***
She died	ఆమె చనిపోయింది	*Aame chanipo**yindhi***
They died	వాళ్ళు చనిపోయారు	*Vaallu chanipo**yaaru***

Future Tense

I will die	నేను చనిపోతాను	*Nenu chanipo**thaanu***
You will die	నువ్వు చనిపోతావు	*Nuvvu chanipo**thaavu***
He will die	అతడు చనిపోతాడు	*Athadu chanipo**thaadu***
She will die	ఆమె చనిపోతుంది	*Aame chanipo**thundhi***
They will die	వాళ్ళు చనిపోతారు	*Vaallu chanipo**thaaru***

Negative

I will not die	నేను చనిపోను	*Nenu chanipo**nu***
You will not die	నువ్వు చనిపోవు	*Nuvvu chanipo**vu***
He will not die	అతడు చనిపోడు	*Athadu chanipo**du***
She will not die	ఆమె చనిపోదు	*Aame chanipo**dhu***
They will not die	వాళ్ళు చనిపోరు	*Vaallu chanipo**ru***

Durative

I have been dying	నేను చనిపోతూ ఉన్నాను	*Nenu chanipo**thuu unnaanu***
You have been dying	నువ్వు చనిపోతూ ఉన్నావు	*Nuvvu chanipo**thuu unnaavu***
He has been dying	అతడు చనిపోతూ ఉన్నాడు	*Athadu chanipo**thuu unnaadu***
She has been dying	ఆమె చనిపోతూ ఉన్నది	*Aame chanipo**thuu unnadhi***
They have been dying	వాళ్ళు చనిపోతూ ఉన్నారు	*Vaallu chanipo**thuu unnaaru***

Present Participle (While) dying	చనిపోతూ	*Chanipo**thuu***
Past Participle (Can) die	చనిపోగల	*Chanipo**gala***
Negative Participle (Cannot) die	చనిపోలేని	*Chanipole**ni***
Imperative Die!	చనిపో!	*Chani**po**!*
Negative Imperative Do not die!	చనిపోకుము !	*Chanipo**kumu**!*
Gerund (The act of) dying	చనిపోవడం	*Chanipo**vadam***

23.

To **do**	చేయు ట	*Cheyuta*

<u>Present Tense</u>

I do	నేను చేస్తున్నాను	*Nenu che**sthunnaanu***
You do	ను వ్వు చేస్తున్నావు	*Nuvvu che**sthunnaavu***
He does	అతడు చేస్తున్నాడు	*Athadu che**sthunnaadu***
She does	ఆమె చేస్తున్నది	*Aame che**sthunnadhi***
They do	వాళ్ళ చేస్తున్నారు	*Vaallu che**sthunnaaru***

<u>Past Tense</u>

I did	నేను చేసాను	*Nenu che**saanu***
You did	ను వ్వు చేసావు	*Nuvvu che**saavu***
He did	అతడు చేసాడు	*Athadu che**saadu***
She did	ఆమె చేసి ంది	*Aame che**sindhi***
They did	వాళ్ళ చేసారు	*Vaallu che**saaru***

<u>Future Tense</u>

I will do	నేను చేస్తాను	*Nenu che**sthaanu***
You will do	ను వ్వు చేస్తావు	*Nuvvu che**sthaavu***
He will do	అతడు చేస్తాడు	*Athadu che**sthaadu***
She will do	ఆమె చేస్తుంది	*Aame che**sthundhi***
They will do	వాళ్ళ చేస్తారు	*Vaallu che**sthaaru***

<u>Negative</u>

I will not do	నేను చేయను	*Nenu che**yanu***
You will not do	నువ్వు చేయవు	*Nuvvu che**yavu***
He will not do	అతడు చేయడు	*Athadu che**yadu***
She will not do	ఆమె చేయదు	*Aame che**yadhu***
They will not do	వాళ్ళు చేయరు	*Vaallu che**yaru***

<u>Durative</u>

I have been doing	నేను చేస్తూ ఉన్నాను	*Nenu che**sthuu unnaanu***
You have been doing	నువ్వు చేస్తూ ఉన్నావు	*Nuvvu che**sthuu unnaavu***
He has been doing	అతడు చేస్తూ ఉన్నాడు	*Athadu che**sthuu unnaadu***
She has been doing	ఆమె చేస్తూ ఉన్నది	*Aame che**sthuu unnadhi***
They have been doing	వాళ్ళు చేస్తూ ఉన్నారు	*Vaallu che**sthuu unnaaru***

<u>Present Participle</u> (While) doing	చేస్తూ	*Che**sthuu***
<u>Past Participle</u> (Can) do	చేయగల	*Che**yagala***
<u>Negative Participle</u> (Cannot) do	చేయలేని	*Che**yaleni***
<u>Imperative</u> Do!	చేయుము !	*Cheyu**mu**!*
<u>Negative Imperative</u> Do not do!	చేయకుము !	*Che**yakumu**!*
<u>Gerund</u> (The act of) doing	చేయడం	*Che**yadam***

24.

To **drink**	**తాగుట**	*Thaaguta*

Present Tense

I drink	నేను తాగు**తున్నాను**	*Nenu thaagu**thunnaanu***
You drink	నువ్వు తాగు**తున్నావు**	*Nuvvu thaagu**thunnaavu***
He drinks	అతడు తాగు**తున్నాడు**	*Athadu thaagu**thunnaadu***
She drinks	ఆమె తాగు**తున్నది**	*Aame thaagu**thunnadhi***
They drink	వాళ్ళు తాగు**తున్నారు**	*Vaallu thaagu**thunnaaru***

Past Tense

I drank	నేను తాగాను	*Nenu thaa**gaanu***
You drank	నువ్వు తాగావు	*Nuvvu thaa**gaavu***
He drank	అతడు తాగాడు	*Athadu thaa**gaadu***
She drank	ఆమె తాగింది	*Aame thaa**gindhi***
They drank	వాళ్ళు తాగారు	*Vaallu thaa**gaaru***

Future Tense

I will drink	నేను తాగు**తాను**	*Nenu thaagu**thaanu***
You will drink	నువ్వు తాగు**తావు**	*Nuvvu thaagu**thaavu***
He will drink	అతడు తాగు**తాడు**	*Athadu thaagu**thaadu***
She will drink	ఆమె తాగు**తుంది**	*Aame thaagu**thundhi***
They will drink	వాళ్ళు తాగు**తారు**	*Vaallu thaagu**thaaru***

Negative

I will not drink	నేను తాగను	*Nenu thaa**ganu***
You will not drink	నువ్వు తాగవు	*Nuvvu thaa**gavu***
He will not drink	అతడు తాగడు	*Athadu thaa**gadu***
She will not drink	ఆమె తాగదు	*Aame thaa**gadhu***
They will not drink	వాళ్ళు తాగరు	*Vaallu thaa**garu***

Durative

I have been drinking	నేను తాగుతూ ఉన్నాను	*Nenu thaagu**thuu unnaanu***
You have been drinking	నువ్వు తాగుతూ ఉన్నావు	*Nuvvu thaagu**thuu unnaavu***
He has been drinking	అతడు తాగుతూ ఉన్నాడు	*Athadu thaagu**thuu unnaadu***
She has been drinking	ఆమె తాగుతూ ఉన్నది	*Aame thaagu**thuu unnadhi***
They have been drinking	వాళ్ళు తాగుతూ ఉన్నారు	*Vaallu thaagu**thuu unnaaru***

Present Participle
(While) drinking — తాగుతూ — *Thaagu**thuu***

Past Participle
(Can) drink — తాగగల — *Thaa**gagala***

Negative Participle
(Cannot) drink — తాగలేని — *Thaa**galeni***

Imperative
Drink! — తాగుము ! — *Thaagu**mu**!*

Negative Imperative
Do not drink! — తాగకుము ! — *Thaa**gakumu**!*

Gerund
(The act of) drinking — తాగడం — *Thaa**gadam***

25.

To **drive**	నడుపుట	*Naduputa*

<u>Present Tense</u>

I drive	నేను నడుపు**తున్నాను**	*Nenu nadupu**thunnaanu***
You drive	నువ్వు నడుపు**తున్నావు**	*Nuvvu nadupu**thunnaavu***
He drives	అతడు నడుపు**తున్నాడు**	*Athadu nadupu**thunnaadu***
She drives	ఆమె నడుపు**తున్నది**	*Aame nadupu**thunnadhi***
They drive	వాళ్ళు నడుపు**తున్నారు**	*Vaallu nadupu**thunnaaru***

<u>Past Tense</u>

I drove	నేను న**డిపాను**	*Nenu na**dipaanu***
You drove	నువ్వు న**డిపావు**	*Nuvvu na**dipaavu***
He drove	అతడు న**డిపాడు**	*Athadu na**dipaadu***
She drove	ఆమె న**డిపింది**	*Aame na**dipindhi***
They drove	వాళ్ళు న**డిపారు**	*Vaallu na**dipaaru***

<u>Future Tense</u>

I will drive	నేను నడుపు**తాను**	*Nenu nadupu**thaanu***
You will drive	నువ్వు నడుపు**తావు**	*Nuvvu nadupu**thaavu***
He will drive	అతడు నడుపు**తాడు**	*Athadu nadupu**thaadu***
She will drive	ఆమె నడుపు**తుంది**	*Aame nadupu**thundhi***
They will drive	వాళ్ళు నడుపు**తారు**	*Vaallu nadupu**thaaru***

Negative

I will not drive	నేను నడపను	*Nenu na**dapanu***
You will not drive	నువ్వు నడపవు	*Nuvvu na**dapavu***
He will not drive	అతడు నడపడు	*Athadu na**dapadu***
She will not drive	ఆమె నడపదు	*Aame na**dapadhu***
They will not drive	వాళ్ళు నడపరు	*Vaallu na**daparu***

Durative

I have been driving	నేను నడుపుతూ ఉన్నాను	*Nenu nadupu**thuu unnaanu***
You have been driving	నువ్వు నడుపుతూ ఉన్నావు	*Nuvvu nadupu**thuu unnaavu***
He has been driving	అతడు నడుపుతూ ఉన్నాడు	*Athadu nadupu**thuu unnaadu***
She has been driving	ఆమె నడుపుతూ ఉన్నది	*Aame nadupu**thuu unnadhi***
They have been driving	వాళ్ళు నడుపుతూ ఉన్నారు	*Vaallu nadupu**thuu unnaaru***

Present Participle
(While) driving — నడుపుతూ — *Nadupu**thuu***

Past Participle
(Can) drive — నడపగల — ***Na**dapagala*

Negative Participle
(Cannot) drive — నడపలేని — ***Na**dapaleni*

Imperative
Drive! — నడుపుము ! — ***Na**dupumu!*

Negative Imperative
Do not drive! — నడుపకుము ! — ***Na**dupakumu!*

Gerund
(The act of) driving — నడపడం — ***Na**dapadam*

26.

| To **eat** | తినుట | *Thinuta* |

Present Tense

I eat	నేను తింటున్నాను	*Nenu thin**tunnaanu***
You eat	నువ్వు తింటున్నావు	*Nuvvu thin**tunnaavu***
He eats	అతడు తింటున్నాడు	*Athadu thin**tunnaadu***
She eats	ఆమె తింటున్నది	*Aame thin**tunnadhi***
They eat	వాళ్ళు తింటున్నారు	*Vaallu thin**tunnaaru***

Past Tense

I ate	నేను తిన్నాను	*Nenu thi**nnaanu***
You ate	నువ్వు తిన్నావు	*Nuvvu thi**nnaavu***
He ate	అతడు తిన్నాడు	*Athadu thi**nnaadu***
She ate	ఆమె తిన్నది	*Aame thi**nnadhi***
They ate	వాళ్ళు తిన్నారు	*Vaallu thi**nnaaru***

Future Tense

I will eat	నేను తింటాను	*Nenu thin**taanu***
You will eat	నువ్వు తింటావు	*Nuvvu thin**taavu***
He will eat	అతడు తింటాడు	*Athadu thin**taadu***
She will eat	ఆమె తింటుంది	*Aame thin**tundhi***
They will eat	వాళ్ళు తింటారు	*Vaallu thin**taaru***

<u>Negative</u>

I will not eat	నేను తినను	*Nenu thi**nanu***
You will not eat	నువ్వు తినవు	*Nuvvu thi**navu***
He will not eat	అతడు తినడు	*Athadu thi**nadu***
She will not eat	ఆమె తినదు	*Aame thi**nadhu***
They will not eat	వాళ్ళు తినరు	*Vaallu thi**naru***

<u>Durative</u>

I have been eating	నేను తింటూ ఉన్నాను	*Nenu thin**tuu unnaanu***
You have been eating	నువ్వు తింటూ ఉన్నావు	*Nuvvu thin**tuu unnaavu***
He has been eating	అతడు తింటూ ఉన్నాడు	*Athadu thin**tuu unnaadu***
She has been eating	ఆమె తింటూ ఉన్నది	*Aame thin**tuu unnadhi***
They have been eating	వాళ్ళు తింటూ ఉన్నారు	*Vaallu thin**tuu unnaaru***

<u>Present Participle</u>
(While) eating — తింటూ — *Thin**tuu***

<u>Past Participle</u>
(Can) eat — తినగల — *Thi**nagala***

<u>Negative Participle</u>
(Cannot) eat — తినలేని — *Thi**naleni***

<u>Imperative</u>
Eat! — తినుము ! — *Thi**numu**!*

<u>Negative Imperative</u>
Do not eat! — తినకుము ! — *Thi**nakumu**!*

<u>Gerund</u>
(The act of) eating — తినడం — *Thi**nadam***

27.

To **enter**	ప్రవేశించుట	*Praveshinchuta*

Present Tense

I enter	నేను ప్రవేశిస్తున్నాను	*Nenu praveshi**sthunnaanu***
You enter	నువ్వు ప్రవేశిస్తున్నావు	*Nuvvu praveshi**sthunnaavu***
He enters	అతడు ప్రవేశిస్తున్నాడు	*Athadu praveshi**sthunnaadu***
She enters	ఆమె ప్రవేశిస్తున్నది	*Aame praveshi**sthunnadhi***
They enter	వాళ్ళు ప్రవేశిస్తున్నారు	*Vaallu praveshi**sthunnaaru***

Past Tense

I entered	నేను ప్రవేశించాను	*Nenu praveshin**chaanu***
You entered	నువ్వు ప్రవేశించావు	*Nuvvu praveshin**chaavu***
He entered	అతడు ప్రవేశించాడు	*Athadu praveshin**chaadu***
She entered	ఆమె ప్రవేశించింది	*Aame praveshin**chindhi***
They entered	వాళ్ళు ప్రవేశించారు	*Vaallu praveshin**chaaru***

Future Tense

I will enter	నేను ప్రవేశిస్తాను	*Nenu praveshi**sthaanu***
You will enter	నువ్వు ప్రవేశిస్తావు	*Nuvvu praveshi**sthaavu***
He will enter	అతడు ప్రవేశిస్తాడు	*Athadu praveshi**sthaadu***
She will enter	ఆమె ప్రవేశిస్తుంది	*Aame praveshi**sthundhi***
They will enter	వాళ్ళు ప్రవేశిస్తారు	*Vaallu praveshi**sthaaru***

Negative

I will not enter	నేను ప్రవేశించను	*Nenu praveshin**chanu***
You will not enter	నువ్వు ప్రవేశించవు	*Nuvvu praveshin**chavu***
He will not enter	అతడు ప్రవేశించడు	*Athadu praveshin**chadu***
She will not enter	ఆమె ప్రవేశించదు	*Aame praveshin**chadhu***
They will not enter	వాళ్ళు ప్రవేశించరు	*Vaallu praveshin**charu***

Durative

I have been entering	నేను ప్రవేశిస్తూ ఉన్నాను	*Nenu praveshi**sthuu** unnaanu*
You have been entering	నువ్వు ప్రవేశిస్తూ ఉన్నావు	*Nuvvu praveshi**sthuu** unnaavu*
He has been entering	అతడు ప్రవేశిస్తూ ఉన్నాడు	*Athadu praveshi**sthuu** unnaadu*
She has been entering	ఆమె ప్రవేశిస్తూ ఉన్నది	*Aame praveshi**sthuu** unnadhi*
They have been entering	వాళ్ళు ప్రవేశిస్తూ ఉన్నారు	*Vaallu praveshi**sthuu** unnaaru*

Present Participle
(While) entering — ప్రవేశిస్తూ — *Praveshi**sthuu***

Past Participle
(Can) enter — ప్రవేశించగల — *Praveshin**chagala***

Negative Participle
(Cannot) enter — ప్రవేశించలేని — *Praveshin**chaleni***

Imperative
Enter! — ప్రవేశించుము! — *Praveshin**chumu**!*

Negative Imperative
Do not enter! — ప్రవేశించకుము! — *Praveshin**chakumu**!*

Gerund
(The act of) entering — ప్రవేశించడం — *Praveshin**chadam***

28.

| To **exit** | వెళ్ళిపోవుట | *Vellipovuta* |

Present Tense

I exit	నేను వెళ్ళిపోతున్నాను	*Nenu vellipo**thunnaanu***
You exit	నువ్వు వెళ్ళిపోతున్నావు	*Nuvvu vellipo**thunnaavu***
He exits	అతడు వెళ్ళిపోతున్నాడు	*Athadu vellipo**thunnaadu***
She exits	ఆమె వెళ్ళిపోతున్నది	*Aame vellipo**thunnadhi***
They exit	వాళ్ళు వెళ్ళిపోతున్నారు	*Vaallu vellipo**thunnaaru***

Past Tense

I exited	నేను వెళ్ళిపోయాను	*Nenu vellipo**yaanu***
You exited	నువ్వు వెళ్ళిపోయావు	*Nuvvu vellipo**yaavu***
He exited	అతడు వెళ్ళిపోయాడు	*Athadu vellipo**yaadu***
She exited	ఆమె వెళ్ళిపోయింది	*Aame vellipo**yindhi***
They exited	వాళ్ళు వెళ్ళిపోయారు	*Vaallu vellipo**yaaru***

Future Tense

I will exit	నేను వెళ్ళిపోతాను	*Nenu vellipo**thaanu***
You will exit	నువ్వు వెళ్ళిపోతావు	*Nuvvu vellipo**thaavu***
He will exit	అతడు వెళ్ళిపోతాడు	*Athadu vellipo**thaadu***
She will exit	ఆమె వెళ్ళిపోతుంది	*Aame vellipo**thundhi***
They will exit	వాళ్ళు వెళ్ళిపోతారు	*Vaallu vellipo**thaaru***

<u>Negative</u>

I will not exit	నేను వెళ్ళిపోను	*Nenu vellipo**nu***
You will not exit	నువ్వు వెళ్ళిపోవు	*Nuvvu vellipo**vu***
He will not exit	అతడు వెళ్ళిపోడు	*Athadu vellipo**du***
She will not exit	ఆమె వెళ్ళిపోదు	*Aame vellipo**dhu***
They will not exit	వాళ్ళు వెళ్ళిపోరు	*Vaallu vellipo**ru***

<u>Durative</u>

I have been exiting	నేను వెళ్ళిపోతూ ఉన్నాను	*Nenu vellipo**thuu unnaanu***
You have been exiting	నువ్వు వెళ్ళిపోతూ ఉన్నావు	*Nuvvu vellipo**thuu unnaavu***
He has been exiting	అతడు వెళ్ళిపోతూ ఉన్నాడు	*Athadu vellipo**thuu unnaadu***
She has been exiting	ఆమె వెళ్ళిపోతూ ఉన్నది	*Aame vellipo**thuu unnadhi***
They have been exiting	వాళ్ళు వెళ్ళిపోతూ ఉన్నారు	*Vaallu vellipo**thuu unnaaru***

<u>Present Participle</u>
(While) exiting — వెళ్ళిపోతూ — *Vellipo**thuu***

<u>Past Participle</u>
(Can) exit — వెళ్ళిపోగల — *Vellipo**gala***

<u>Negative Participle</u>
(Cannot) exit — వెళ్ళిపోలేని — *Vellipo**leni***

<u>Imperative</u>
Exit! — వెళ్ళిపొమ్ము — *Velli**pommu**!*

<u>Negative Imperative</u>
Do not exit! — వెళ్ళిపోకుము ! — *Vellipo**kumu**!*

<u>Gerund</u>
(The act of) exiting — వెళ్ళిపోవడం — *Vellipo**vadam***

29.

To **explain**	**విశదపరచుట**	*Vishadhaparachuta*

Present Tense

I explain	నేను విశదపరచు**చున్నాను**	*Nenu vishadhaparachu**chunnaanu***
You explain	నువ్వు విశదపరచు**చున్నావు**	*Nuvvu vishadhaparachu**chunnaavu***
He explains	అతడు విశదపరచు**చున్నాడు**	*Athadu vishadhaparachu**chunnaadu***
She explains	ఆమె విశదపరచు**చున్నది**	*Aame vishadhaparachu**chunnadhi***
They explain	వాళ్ళు విశదపరచు**చున్నారు**	*Vaallu vishadhaparachu**chunnaaru***

Past Tense

I explained	నేను విశదపర**చాను**	*Nenu vishadhapara**chaanu***
You explained	నువ్వు విశదపర**చావు**	*Nuvvu vishadhapara**chaavu***
He explained	అతడు విశదపర**చాడు**	*Athadu vishadhapara**chaadu***
She explained	ఆమె విశదపర**చింది**	*Aame vishadhapara**chindhi***
They explained	వాళ్ళు విశదపర**చారు**	*Vaallu vishadhapara**chaaru***

Future Tense

I will explain	నేను విశదపర**స్తాను**	*Nenu vishadhapara**sthaanu***
You will explain	నువ్వు విశదపర**స్తావు**	*Nuvvu vishadhapara**sthaavu***
He will explain	అతడు విశదపర**స్తాడు**	*Athadu vishadhapara**sthaadu***
She will explain	ఆమె విశదపర**స్తుంది**	*Aame vishadhapara**sthundhi***
They will explain	వాళ్ళు విశదపర**స్తారు**	*Vaallu vishadhapara**sthaaru***

Negative

I will not explain	నేను విశదపరచను	*Nenu vishadhaparachanu*
You will not explain	నువ్వు విశదపరచవు	*Nuvvu vishadhaparachavu*
He will not explain	అతడు విశదపరచడు	*Athadu vishadhaparachadu*
She will not explain	ఆమె విశదపరచదు	*Aame vishadhaparachadhu*
They will not explain	వాళ్ళు విశదపరచరు	*Vaallu vishadhaparacharu*

Durative

I have been explaining	నేను విశదపరస్తూ ఉన్నాను	*Nenu vishadhaparasthuu unnaanu*
You have been explaining	నువ్వు విశదపరస్తూ ఉన్నావు	*Nuvvu vishadhaparasthuu unnaavu*
He has been explaining	అతడు విశదపరస్తూ ఉన్నాడు	*Athadu vishadhaparasthuu unnaadu*
She has been explaining	ఆమె విశదపరస్తూ ఉన్నది	*Aame vishadhaparasthuu unnadhi*
They have been explaining	వాళ్ళు విశదపరస్తూ ఉన్నారు	*Vaallu vishadhaparasthuu unnaaru*

Present Participle
(While) explaining — విశదపరస్తూ — *Vishadhaparasthuu*

Past Participle
(Can) explain — విశదపరచగల — *Vishadhaparachagala*

Negative Participle
(Cannot) explain — విశదపరచలేని — *Vishadhaparachaleni*

Imperative
Explain! — విశదపరచుము! — *Vishadhaparachumu!*

Negative Imperative
Do not explain! — విశదపరచకుము! — *Vishadhaparachakumu!*

Gerund
(The act of) explaining — విశదపరచడం — *Vishadhaparachadam*

30.

| To **fall** | పడుట | *Paduta* |

Present Tense

I fall	నేను పడుతున్నాను	*Nenu padu**thunnaanu***
You fall	నువ్వు పడుతున్నావు	*Nuvvu padu**thunnaavu***
He falls	అతడు పడుతున్నాడు	*Athadu padu**thunnaadu***
She falls	ఆమె పడుతున్నది	*Aame padu**thunnadhi***
They fall	వాళ్ళు పడుతున్నారు	*Vaallu padu**thunnaaru***

Past Tense

I fell	నేను పడ్డాను	*Nenu pa**ddaanu***
You fell	నువ్వు పడ్డావు	*Nuvvu pa**ddaavu***
He fell	అతడు పడ్డాడు	*Athadu pa**ddaadu***
She fell	ఆమె పడింది	*Aame pa**dindhi***
They fell	వాళ్ళు పడ్డారు	*Vaallu pa**ddaaru***

Future Tense

I will fall	నేను పడతాను	*Nenu pa**dathaanu***
You will fall	నువ్వు పడతావు	*Nuvvu pa**dathaavu***
He will fall	అతడు పడతాడు	*Athadu pa**dathaadu***
She will fall	ఆమె పడుతుంది	*Aame pa**duthundhi***
They will fall	వాళ్ళు పడతారు	*Vaallu pa**dathaaru***

Negative

I will not fall	నేను పడను	*Nenu pa**danu***
You will not fall	నువ్వు పడవు	*Nuvvu pa**davu***
He will not fall	అతడు పడడు	*Athadu pa**dadu***
She will not fall	ఆమె పడదు	*Aame pa**dadhu***
They will not fall	వాళ్ళు పడరు	*Vaallu pa**daru***

Durative

I have been falling	నేను పడుతూ ఉన్నాను	*Nenu padu**thuu unnaanu***
You have been falling	నువ్వు పడుతూ ఉన్నావు	*Nuvvu padu**thuu unnaavu***
He has been falling	అతడు పడుతూ ఉన్నాడు	*Athadu padu**thuu unnaadu***
She has been falling	ఆమె పడుతూ ఉన్నది	*Aame padu**thuu unnadhi***
They have been falling	వాళ్ళు పడుతూ ఉన్నారు	*Vaallu padu**thuu unnaaru***

Present Participle (While) falling	పడుతూ	*Padu**thuu***
Past Participle (Can) fall	పడగల	*Pa**dagala***
Negative Participle (Cannot) fall	పడలేని	*Pa**daleni***
Imperative Fall!	పడుము !	*Padu**mu**!*
Negative Imperative Do not fall!	పడకుము !	*Pa**dakumu**!*
Gerund (The act of) falling	పడడం	*Pa**dadam***

31.

| To **feel** | అనుభవించుట | *Anubhavinchuta* |

Present Tense

I feel	నేను అనుభవి**స్తున్నాను**	*Nenu anubhavi**sthunnaanu***
You feel	నువ్వు అనుభవి**స్తున్నావు**	*Nuvvu anubhavi**sthunnaavu***
He feels	అతడు అనుభవి**స్తున్నాడు**	*Athadu anubhavi**sthunnaadu***
She feels	ఆమె అనుభవి**స్తున్నది**	*Aame anubhavi**sthunnadhi***
They feel	వాళ్ళు అనుభవి**స్తున్నారు**	*Vaallu anubhavi**sthunnaaru***

Past Tense

I felt	నేను అనుభవించాను	*Nenu anubhavin**chaanu***
You felt	నువ్వు అనుభవించావు	*Nuvvu anubhavin**chaavu***
He felt	అతడు అనుభవించాడు	*Athadu anubhavin**chaadu***
She felt	ఆమె అనుభవించింది	*Aame anubhavin**chindhi***
They felt	వాళ్ళు అనుభవించారు	*Vaallu anubhavin**chaaru***

Future Tense

I will feel	నేను అనుభవి**స్తాను**	*Nenu anubhavi**sthaanu***
You will feel	నువ్వు అనుభవి**స్తావు**	*Nuvvu anubhavi**sthaavu***
He will feel	అతడు అనుభవి**స్తాడు**	*Athadu anubhavi**sthaadu***
She will feel	ఆమె అనుభవి**స్తుంది**	*Aame anubhavi**sthundhi***
They will feel	వాళ్ళు అనుభవి**స్తారు**	*Vaallu anubhavi**sthaaru***

Negative

I will not feel	నేను అను భవి ంచను	*Nenu anubhavin**chanu***
You will not feel	నువ్వు అను భవి ంచవు	*Nuvvu anubhavin**chavu***
He will not feel	అతడు అను భవి ంచడు	*Athadu anubhavin**chadu***
She will not feel	ఆమె అను భవి ంచదు	*Aame anubhavin**chadhu***
They will not feel	వాళ్ళ అను భవి ంచరు	*Vaallu anubhavin**charu***

Durative

I have been feeling	నేను అను భవిస్తూ ఉన్నాను	*Nenu anubhavi**sthuu unnaanu***
You have been feeling	నువ్వు అను భవిస్తూ ఉన్నావు	*Nuvvu anubhavi**sthuu unnaavu***
He has been feeling	అతడు అను భవిస్తూ ఉన్నాడు	*Athadu anubhavi**sthuu unnaadu***
She has been feeling	ఆమె అను భవిస్తూ ఉన్నది	*Aame anubhavi**sthuu unnadhi***
They have been feeling	వాళ్ళ అను భవిస్తూ ఉన్నారు	*Vaallu anubhavi**sthuu unnaaru***

Present Participle
(While) doing — అను భవిస్తూ — *Anubhavi**sthuu***

Past Participle
(Can) feel — అను భవి ంచగల — *Anubhavin**chagala***

Negative Participle
(Cannot) feel — అను భవి ంచలేని — *Anubhavin**chaleni***

Imperative
Feel! — అను భవి ంచు ము ! — *Anubhavin**chumu**!*

Negative Imperative
Do not feel! — అను భవి ంచకు ము ! — *Anubhavin**chakumu**!*

Gerund
(The act of) feeling — అను భవి ంచడం — *Anubhavin**chadam***

32.

To **fight** పోట్లాడు ట *Potlaaduta*

Present Tense

I fight	నేను పోట్లాడు తు న్నాను	*Nenu potlaadu**thunnaanu***
You fight	నువ్వు పోట్లాడు తు న్నావు	*Nuvvu potlaadu**thunnaavu***
He fights	అతడు పోట్లాడు తు న్నాడు	*Athadu potlaadu**thunnaadu***
She fights	ఆమె పోట్లాడు తు న్నది	*Aame potlaadu**thunnadhi***
They fight	వాళ్ళ పోట్లాడు తు న్నారు	*Vaallu potlaadu**thunnaaru***

Past Tense

I fought	నేను పోట్లాడాను	*Nenu potlaa**daanu***
You fought	నువ్వు పోట్లాడావు	*Nuvvu potlaa**daavu***
He fought	అతడు పోట్లాడాడు	*Athadu potlaa**daadu***
She fought	ఆమె పోట్లాడి ంది	*Aame potlaa**dindhi***
They fought	వాళ్ళ పోట్లాడారు	*Vaallu potlaa**daaru***

Future Tense

I will fight	నేను పోట్లాడు తాను	*Nenu potlaadu**thaanu***
You will fight	నువ్వు పోట్లాడు తావు	*Nuvvu potlaadu**thaavu***
He will fight	అతడు పోట్లాడు తాడు	*Athadu potlaadu**thaadu***
She will fight	ఆమె పోట్లాడు తు ంది	*Aame potlaadu**thundhi***
They will fight	వాళ్ళ పోట్లాడు తారు	*Vaallu potlaadu**thaaru***

Negative

I will not fight	నేను పోట్లాడను	*Nenu potlaa**danu***
You will not fight	నువ్వు పోట్లాడవు	*Nuvvu potlaa**davu***
He will not fight	అతడు పోట్లాడడు	*Athadu potlaa**dadu***
She will not fight	ఆమె పోట్లాడదు	*Aame potlaa**dadhu***
They will not fight	వాళ్ళ పోట్లాడరు	*Vaallu potlaa**daru***

Durative

I have been fighting	నేను పోట్లాడు తూ ఉన్నాను	*Nenu potlaadu**thuu unnaanu***
You have been fighting	నువ్వు పోట్లాడు తూ ఉన్నావు	*Nuvvu potlaadu**thuu unnaavu***
He has been fighting	అతడు పోట్లాడు తూ ఉన్నాడు	*Athadu potlaadu**thuu unnaadu***
She has been fighting	ఆమె పోట్లాడు తూ ఉన్నది	*Aame potlaadu**thuu unnadhi***
They have been fighting	వాళ్ళ పోట్లాడు తూ ఉన్నారు	*Vaallu potlaadu**thuu unnaaru***

Present Participle (While) fighting	పోట్లాడు తూ	*Potlaadu**thuu***
Past Participle (Can) fight	పోట్లాడగల	*Potlaa**dagala***
Negative Participle (Cannot) fight	పోట్లాడలేని	*Potlaa**daleni***
Imperative Fight!	పోట్లాడు ము !	*Potlaadu**mu**!*
Negative Imperative Do not fight!	పోట్లాడకు ము !	*Potlaa**dakumu**!*
Gerund (The act of) fighting	పోట్లాడడం	*Potlaa**dadam***

33.

To **find**	కను గొను ట	*Kanugonuta*

<u>Present Tense</u>

I find	నేను కను గొంటు న్నాను	*Nenu kanugo**ntunnnaanu***
You find	ను వ్వు కను గొంటు న్నావు	*Nuvvu kanugo**ntunnaavu***
He finds	అతడు కను గొంటు న్నాడు	*Athadu kanugo**ntunnaadu***
She finds	ఆమె కను గొంటు న్నది	*Aame kanugo**ntunnadhi***
They find	వాళ్ళ కను గొంటు న్నారు	*Vaallu kanugo**ntunnaaru***

<u>Past Tense</u>

I found	నేను కను గొన్నాను	*Nenu kanugo**nnaanu***
You found	ను వ్వు కను గొన్నావు	*Nuvvu kanugo**nnaavu***
He found	అతడు కను గొన్నాడు	*Athadu kanugo**nnaadu***
She found	ఆమె కను గొన్నది	*Aame kanugo**nnadhi***
They found	వాళ్ళ కను గొన్నారు	*Vaallu kanugo**nnaaru***

<u>Future Tense</u>

I will find	నేను కను గొంటాను	*Nenu kanugon**taanu***
You will find	ను వ్వు కను గొంటావు	*Nuvvu kanugon**taavu***
He will find	అతడు కను గొంటాడు	*Athadu kanugon**taadu***
She will find	ఆమె కను గొంటు ంది	*Aame kanugon**tundhi***
They will find	వాళ్ళ కను గొంటారు	*Vaallu kanugon**taaru***

Negative

I will not find	నేను కను గొనను	*Nenu kanugo**nanu***
You will not find	నువ్వు కను గొనవు	*Nuvvu kanugo**navu***
He will not find	అతడు కను గొనడు	*Athadu kanugo**nadu***
She will not find	ఆమె కను గొనదు	*Aame kanugo**nadhu***
They will not find	వాళ్ళు కను గొనరు	*Vaallu kanugo**naru***

Durative

I have been finding	నేను కను గొంటూ ఉన్నాను	*Nenu kanugon**tuu unnaanu***
You have been finding	నువ్వు కను గొంటూ ఉన్నావు	*Nuvvu kanugon**tuu unnaavu***
He has been finding	అతడు కను గొంటూ ఉన్నాడు	*Athadu kanugon**tuu unnaadu***
She has been finding	ఆమె కను గొంటూ ఉన్నది	*Aame kanugon**tuu unnadhi***
They have been finding	వాళ్ళు కను గొంటూ ఉన్నారు	*Vaallu kanugon**tuu unnaaru***

Present Participle

(While) finding	కను గొంటూ	*Kanugon**tuu***

Past Participle

(Can) find	కను గొనగల	*Kanugo**nagala***

Negative Participle

(Cannot) find	కను గొనలేని	*Kanugo**naleni***

Imperative

Find!	కను గొను ము !	*Kanugonu**mu**!*

Negative Imperative

Do not find!	కను గొనకు ము !	*Kanugo**nakumu**!*

Gerund

(The act of) finding	కను గొనడం	*Kanugo**nadam***

34.

To **finish**	మ గి ంచ ట	*Muginchuta*

Present Tense

I finish	నేను మ గిస్తున్నాను	*Nenu mugi**sthunnaanu***
You finish	నువ్వు మ గిస్తున్నావు	*Nuvvu mugi**sthunnaavu***
He finishes	అతడు మ గిస్తున్నాడు	*Athadu mugi**sthunnaadu***
She finishes	ఆమె మ గిస్తున్నది	*Aame mugi**sthunnadhi***
They finish	వాళ్ళు మ గిస్తున్నారు	*Vaallu mugi**sthunnaaru***

Past Tense

I finished	నేను మ గి ంచాను	*Nenu mugin**chaanu***
You finished	నువ్వు మ గి ంచావు	*Nuvvu mugin**chaavu***
He finished	అతడు మ గి ంచాడు	*Athadu mugin**chaadu***
She finished	ఆమె మ గి ంచి ంది	*Aame mugin**chindhi***
They finished	వాళ్ళు మ గి ంచారు	*Vaallu mugin**chaaru***

Future Tense

I will finish	నేను మ గిస్తాను	*Nenu mugi**sthaanu***
You will finish	నువ్వు మ గిస్తావు	*Nuvvu mugi**sthaavu***
He will finish	అతడు మ గిస్తాడు	*Athadu mugi**sthaadu***
She will finish	ఆమె మ గిస్తుంది	*Aame mugi**sthundhi***
They will finish	వాళ్ళు మ గిస్తారు	*Vaallu mugi**sthaaru***

Negative

I will not finish	నేను ముగించను	*Nenu mugin**chanu***
You will not finish	నువ్వు ముగించవు	*Nuvvu mugin**chavu***
He will not finish	అతడు ముగించడు	*Athadu mugin**chadu***
She will not finish	ఆమె ముగించదు	*Aame mugin**chadhu***
They will not finish	వాళ్ళ ముగించరు	*Vaallu mugin**charu***

Durative

I have been finishing	నేను ముగిస్తూఉన్నాను	*Nenu mugi**sthuu unnaanu***
You have been finishing	నువ్వు ముగిస్తూఉన్నావు	*Nuvvu mugi**sthuu unnaavu***
He has been finishing	అతడు ముగిస్తూఉన్నాడు	*Athadu mugi**sthuu unnaadu***
She has been finishing	ఆమె ముగిస్తూఉన్నది	*Aame mugi**sthuu unnadhi***
They have been finishing	వాళ్ళ ముగిస్తూఉన్నారు	*Vaallu mugi**sthuu unnaaru***

Present Participle

(While) finishing	ముగిస్తూ	*Mugi**sthuu***

Past Participle

(Can) finish	ముగించగల	*Mugin**chagala***

Negative Participle

(Cannot) finish	ముగించలేని	*Mugin**chaleni***

Imperative

Finish!	ముగించుము !	*Muginchu**mu**!*

Negative Imperative

Do not finish!	ముగించకుము !	*Mugin**chakumu**!*

Gerund

(The act of) finishing	ముగించడం	*Mugin**chadam***

35.

To **fly**	ఎగురుట	*Eguruta*

Present Tense

I fly	నేను ఎగురు**తున్నాను**	*Nenu eguru**thunnaanu***
You fly	నువ్వు ఎగురు**తున్నావు**	*Nuvvu eguru**thunnaavu***
He flies	అతడు ఎగురు**తున్నాడు**	*Athadu eguru**thunnaadu***
She flies	ఆమె ఎగురు**తున్నది**	*Aame eguru**thunnadhi***
They fly	వాళ్ళు ఎగురు**తున్నారు**	*Vaallu eguru**thunnaaru***

Past Tense

I flew	నేను ఎగిరాను	*Nenu e**giraanu***
You flew	నువ్వు ఎగిరావు	*Nuvvu e**giraavu***
He flew	అతడు ఎగిరాడు	*Athadu egiraadu*
She flew	ఆమె ఎగిరింది	*Aame e**girindhi***
They flew	వాళ్ళు ఎగిరారు	*Vaallu e**giraaru***

Future Tense

I will fly	నేను ఎగురు**తాను**	*Nenu eguru**thaanu***
You will fly	నువ్వు ఎగురు**తావు**	*Nuvvu eguru**thaavu***
He will fly	అతడు ఎగురు**తాడు**	*Athadu eguru**thaadu***
She will fly	ఆమె ఎగురు**తుంది**	*Aame eguru**thundhi***
They will fly	వాళ్ళు ఎగురు**తారు**	*Vaallu eguru**thaaru***

Negative

I will not fly	నేను ఎగరను	*Nenu e**garanu***
You will not fly	నువ్వు ఎగరవు	*Nuvvu e**garavu***
He will not fly	అతడు ఎగరడు	*Athadu e**garadu***
She will not fly	ఆమె ఎగరదు	*Aame e**garadhu***
They will not fly	వాళ్ళు ఎగరరు	*Vaallu e**gararu***

Durative

I have been flying	నేను ఎగురుతూ ఉన్నాను	*Nenu eguru**thuu unnaanu***
You have been flying	నువ్వు ఎగురుతూ ఉన్నావు	*Nuvvu eguru**thuu unnaavu***
He has been flying	అతడు ఎగురుతూ ఉన్నాడు	*Athadu eguru**thuu unnaadu***
She has been flying	ఆమె ఎగురుతూ ఉన్నది	*Aame eguru**thuu unnadhi***
They have been flying	వాళ్ళు ఎగురుతూ ఉన్నారు	*Vaallu eguru**thuu unnaaru***

Present Participle (While) flying	ఎగురుతూ	*Eguru**thuu***
Past Participle (Can) fly	ఎగరగల	***Egaragala***
Negative Participle (Cannot) fly	ఎగరలేని	***Egaraleni***
Imperative Fly!	ఎగురుము !	*Eguru**mu**!*
Negative Imperative Do not fly!	ఎగరకుము !	***Egarakumu**!*
Gerund (The act of) flying	ఎగరడం	***Egaradam***

36.

To **forget**	మరచిపోవట	*Marachipovuta*

<u>Present Tense</u>

I forget	నేను మరచిపో**తున్నాను**	*Nenu marachipo**thunnaanu***
You forget	నువ్వు మరచిపో**తున్నావు**	*Nuvvu marachipo**thunnaavu***
He forgets	అతడు మరచిపో**తున్నాడు**	*Athadu marachipo**thunnaadu***
She forgets	ఆమె మరచిపో**తున్నది**	*Aame marachipo**thunnadhi***
They forget	వాళ్ళు మరచిపో**తున్నారు**	*Vaallu marachipo**thunnaaru***

<u>Past Tense</u>

I forgot	నేను మరచిపో**యాను**	*Nenu marachipo**yaanu***
You forgot	నువ్వు మరచిపో**యావు**	*Nuvvu marachipo**yaavu***
He forgot	అతడు మరచిపో**యాడు**	*Athadu marachipo**yaadu***
She forgot	ఆమె మరచిపో**యింది**	*Aame marachipo**yindhi***
They forgot	వాళ్ళు మరచిపో**యారు**	*Vaallu marachipo**yaaru***

<u>Future Tense</u>

I will forget	నేను మరచిపో**తాను**	*Nenu marachipo**thaanu***
You will forget	నువ్వు మరచిపో**తావు**	*Nuvvu marachipo**thaavu***
He will forget	అతడు మరచిపో**తాడు**	*Athadu marachipo**thaadu***
She will forget	ఆమె మరచిపో**తుంది**	*Aame marachipo**thundhi***
They will forget	వాళ్ళు మరచిపో**తారు**	*Vaallu marachipo**thaaru***

Negative

I will not forget	నేను మరచిపోను	*Nenu marachi**ponu***
You will not forget	నువ్వు మరచిపోవు	*Nuvvu marachi**povu***
He will not forget	అతడు మరచిపోడు	*Athadu marachi**podu***
She will not forget	ఆమె మరచిపోదు	*Aame marachi**podhu***
They will not forget	వాళ్ళు మరచిపోరు	*Vaallu marachi**poru***

Durative

I have been forgetting	నేను మరచిపోతూ ఉన్నాను	*Nenu marachipo**thuu unnaanu***
You have been forgetting	నువ్వు మరచిపోతూ ఉన్నావు	*Nuvvu marachipo**thuu unnaavu***
He has been forgetting	అతడు మరచిపోతూ ఉన్నాడు	*Athadu marachipo**thuu unnaadu***
She has been forgetting	ఆమె మరచిపోతూ ఉన్నది	*Aame marachipo**thuu unnadhi***
They have been forgetting	వాళ్ళు మరచిపోతూ ఉన్నారు	*Vaallu marachipo**thuu unnaaru***

Present Participle (While) forgetting	మరచిపోతూ	*Marachipo**thuu***
Past Participle (Can) forget	మరచిపోగల	*Marachi**pogala***
Negative Participle (Cannot) forget	మరచిపోలేని	*Marachi**poleni***
Imperative Forget!	మరచిపొమ్ము	*Marachi**pommu**!*
Negative Imperative Do not forget!	మరచిపోకుము !	*Marachipo**kumu**!*
Gerund (The act of) forgetting	మరచిపోవడం	*Marachipo**vadam***

37.

| To **get up** | లేచుట | *Lechuta* |

Present Tense

I get up	నేను లేస్తున్నాను	*Nenu le**sthunnaanu***
You get up	నువ్వు లేస్తున్నావు	*Nuvvu le**sthunnaavu***
He gets up	అతడు లేస్తున్నాడు	*Athadu le**sthunnaadu***
She gets up	ఆమె లేస్తున్నది	*Aame le**sthunnadhi***
They get up	వాళ్ళు లేస్తున్నారు	*Vaallu le**sthunnaaru***

Past Tense

I got up	నేను లేచాను	*Nenu le**chaanu***
You got up	నువ్వు లేచావు	*Nuvvu le**chaavu***
He got up	అతడు లేచాడు	*Athadu le**chaadu***
She got up	ఆమె లేచింది	*Aame le**chindhi***
They got up	వాళ్ళు లేచారు	*Vaallu le**chaaru***

Future Tense

I will get up	నేను లేస్తాను	*Nenu le**sthaanu***
You will get up	నువ్వు లేస్తావు	*Nuvvu le**sthaavu***
He will get up	అతడు లేస్తాడు	*Athadu le**sthaadu***
She will get up	ఆమె లేస్తుంది	*Aame le**sthundhi***
They will get up	వాళ్ళు లేస్తారు	*Vaallu le**sthaaru***

<u>Negative</u>

I will not get up	నేను లేవను	*Nenu le**vanu***
You will not get up	నువ్వు లేవవు	*Nuvvu le**vavu***
He will not get up	అతడు లేవడు	*Athadu le**vadu***
She will not get up	ఆమె లేవదు	*Aame le**vadhu***
They will not get up	వాళ్ళు లేవరు	*Vaallu le**varu***

<u>Durative</u>

I have been getting up	నేను లేస్తూ ఉన్నాను	*Nenu le**sthuu unnaanu***
You have been getting up	నువ్వు లేస్తూ ఉన్నావు	*Nuvvu le**sthuu unnaavu***
He has been getting up	అతడు లేస్తూ ఉన్నాడు	*Athadu le**sthuu unnaadu***
She has been getting up	ఆమె లేస్తూ ఉన్నది	*Aame le**sthuu unnadhi***
They have been getting up	వాళ్ళు లేస్తూ ఉన్నారు	*Vaallu le**sthuu unnaaru***

<u>Present Participle</u>
(While) getting up — లేస్తూ — *Le**sthuu***

<u>Past Participle</u>
(Can) get up — లేవగల — *Le**vagala***

<u>Negative Participle</u>
(Cannot) get up — లేవలేని — *Le**valeni***

<u>Imperative</u>
Get up! — లేవుము ! — *Le**vumu**!*

<u>Negative Imperative</u>
Do not get up! — లేవకుము ! — *Le**vakumu**!*

<u>Gerund</u>
(The act of) getting up — లేవడం — *Le**vadam***

38.

To **give**	ఇచ్చట	*Ichchuta*

Present Tense

I give	నేను ఇస్తున్నాను	*Nenu* ***isthunnaanu***
You give	నువ్వు ఇస్తున్నావు	*Nuvvu* ***isthunnaavu***
He gives	అతడు ఇస్తున్నాడు	*Athadu* ***isthunnaadu***
She gives	ఆమె ఇస్తున్నది	*Aame* ***isthunnadhi***
They give	వాళ్ళ ఇస్తున్నారు	*Vaallu* ***isthunnaaru***

Past Tense

I gave	నేను ఇచ్చాను	*Nenu i**chchaanu***
You gave	నువ్వు ఇచ్చావు	*Nuvvu i**chchaavu***
He gave	అతడు ఇచ్చాడు	*Athadu i**chchaadu***
She gave	ఆమె ఇచ్చింది	*Aame i**chchindhi***
They gave	వాళ్ళ ఇచ్చారు	*Vaallu i**chchaaru***

Future Tense

I will give	నేను ఇస్తాను	*Nenu i**sthaanu***
You will give	నువ్వు ఇస్తావు	*Nuvvu i**sthaavu***
He will give	అతడు ఇస్తాడు	*Athadu i**sthaadu***
She will give	ఆమె ఇస్తుంది	*Aame i**sthundhi***
They will give	వాళ్ళ ఇస్తారు	*Vaallu i**sthaaru***

Negative

I will not give	నేను ఇవ్వను	*Nenu ivvanu*
You will not give	నువ్వు ఇవ్వవు	*Nuvvu ivvavu*
He will not give	అతడు ఇవ్వడు	*Athadu ivvadu*
She will not give	ఆమె ఇవ్వదు	*Aame ivvadhu*
They will not give	వాళ్ళ ఇవ్వరు	*Vaallu ivvaru*

Durative

I have been giving	నేను ఇస్తూఉన్నాను	*Nenu isthuu unnaanu*
You have been giving	నువ్వు ఇస్తూఉన్నావు	*Nuvvu isthuu unnaavu*
He has been giving	అతడు ఇస్తూఉన్నాడు	*Athadu isthuu unnaadu*
She has been giving	ఆమె ఇస్తూఉన్నది	*Aame isthuu unnadhi*
They have been giving	వాళ్ళ ఇస్తూఉన్నారు	*Vaallu isthuu unnaaru*

Present Participle (While) giving	ఇస్తూ	**Isthuu**
Past Participle (Can) give	ఇవ్వగల	**Ivvagala**
Negative Participle (Cannot) give	ఇవ్వలేని	**Ivvaleni**
Imperative Give!	ఇవ్వుము !	**Ivvumu!**
Negative Imperative Do not give!	ఇవ్వకుము !	**Ivvakumu!**
Gerund (The act of) giving	ఇవ్వడం	**Ivvadam**

39.

To **go**	పోవుట	*Povuta*

Present Tense

I go	నేను పోతున్నాను	*Nenu po**thunnaanu***
You go	నువ్వు పోతున్నావు	*Nuvvu po**thunnaavu***
He goes	అతడు పోతున్నాడు	*Athadu po**thunnaadu***
She goes	ఆమె పోతున్నది	*Aame po**thunnadhi***
They go	వాళ్ళు పోతున్నారు	*Vaallu po**thunnaaru***

Past Tense

I went	నేను పోయాను	*Nenu po**yaanu***
You went	నువ్వు పోయావు	*Nuvvu po**yaavu***
He went	అతడు పోయాడు	*Athadu po**yaadu***
She went	ఆమె పోయింది	*Aame po**yindhi***
They went	వాళ్ళు పోయారు	*Vaallu po**yaaru***

Future Tense

I will go	నేను పోతాను	*Nenu po**thaanu***
You will go	నువ్వు పోతావు	*Nuvvu po**thaavu***
He will go	అతడు పోతాడు	*Athadu po**thaadu***
She will go	ఆమె పోతుంది	*Aame po**thundhi***
They will go	వాళ్ళు పోతారు	*Vaallu po**thaaru***

<u>Negative</u>

I will not go	నేను పోను	*Nenu po**nu***
You will not go	నువ్వు పోవు	*Nuvvu po**vu***
He will not go	అతడు పోడు	*Athadu po**du***
She will not go	ఆమె పోదు	*Aame po**dhu***
They will not go	వాళ్ళు పోరు	*Vaallu po**ru***

<u>Durative</u>

I have been going	నేను పోతూ ఉన్నాను	*Nenu po**thuu unnaanu***
You have been going	నువ్వు పోతూ ఉన్నావు	*Nuvvu po**thuu unnaavu***
He has been going	అతడు పోతూ ఉన్నాడు	*Athadu po**thuu unnaadu***
She has been going	ఆమె పోతూ ఉన్నది	*Aame po**thuu unnadhi***
They have been going	వాళ్ళు పోతూ ఉన్నారు	*Vaallu po**thuu unnaaru***

<u>Present Participle</u>
(While) going — పోతూ — *Po**thuu***

<u>Past Participle</u>
(Can) go — పోగల — *Po**gala***

<u>Negative Participle</u>
(Cannot) go — పోలేని — *Pole**ni***

<u>Imperative</u>
Go! — పొమ్ము — *Po**mmu**!*

<u>Negative Imperative</u>
Do not go! — పోకుము ! — *Po**kumu**!*

<u>Gerund</u>
(The act of) going — పోవడం — *Po**vadam***

40.

To happen   జరుగుట   *Jaruguta*

Present Tense

I (make it) happen	నేను జరిపిస్తున్నాను	*Nenu jaripisthunnaanu*
You (make it) happen	నువ్వు జరిపిస్తున్నావు	*Nuvvu jaripisthunnaavu*
He (makes it) happen	అతడు జరిపిస్తున్నాడు	*Athadu jaripisthunnaadu*
She (makes it) happen	ఆమె జరిపిస్తున్నది	*Aame jaripisthunnadhi*
They (make it) happen	వాళ్ళు జరిపిస్తున్నారు	*Vaallu jaripisthunnaaru*

Past Tense

I (made it) happen	నేను జరిపించాను	*Nenu jaripinchaanu*
You (made it) happen	నువ్వు జరిపించావు	*Nuvvu jaripinchaavu*
He (made it) happen	అతడు జరిపించాడు	*Athadu jaripinchaadu*
She (made it) happen	ఆమె జరిపించింది	*Aame jaripinchindhi*
They (made it) happen	వాళ్ళు జరిపించారు	*Vaallu jaripinchaaru*

Future Tense

I will (made it) happen	నేను జరిపిస్తాను	*Nenu jaripisthaanu*
You will (made it) happen	నువ్వు జరిపిస్తావు	*Nuvvu jaripisthaavu*
He will (made it) happen	అతడు జరిపిస్తాడు	*Athadu jaripisthaadu*
She will (made it) happen	ఆమె జరిపిస్తుంది	*Aame jaripisthundhi*
They will (made it) happen	వాళ్ళు జరిపిస్తారు	*Vaallu jaripisthaaru*

Negative

I will not (make it) happen	నేను జరిపి ంచను	*Nenu ja**ripinchanu***
You will not (make it) happen	ను వ్వ జరిపి ంచవ	*Nuvvu ja**ripinchavu***
He will not (make it) happen	అతడు జరిపి ంచడు	*Athadu ja**ripinchadu***
She will not (make it) happen	ఆమె జరిపి ంచదు	*Aame ja**ripinchadhu***
They will not (make it) happen	వాళ్ళ జరిపి ంచరు	*Vaallu ja**ripincharu***

Durative

I have been (making it) happen	నేను జరిపిన్తూఉన్నను	*Nenu ja**ripisthuu unnaanu***
You have been (making it) happen	ను వ్వ జరిపిన్తూఉన్నవు	*Nuvvu ja**ripisthuu unnaavu***
He has been (making it) happen	అతడు జరిపిన్తూఉన్నడు	*Athadu ja**ripisthuu unnaadu***
She has been (making it) happen	ఆమె జరిపిన్తూఉన్నది	*Aame ja**ripisthuu unnadhi***
They have been (making it) happen	వాళ్ళ జరిపిన్తూఉన్నరు	*Vaallu ja**ripisthuu unnaaru***

Present Participle

(While making it) happen	జరిపిన్తూ	*Ja**ripisthuu***

Past Participle

(Can make it) happen	జరిపి ంచగల	*Ja**ripinchagala***

Negative Participle

(Cannot make it) happen	జరిపి ంచలేని	*Ja**ripinchaleni***

Imperative

(Make it) happen!	జరిపి ంచు ము !	*Ja**ripinchumu**!*

Negative Imperative

Do not (make it) happen!	జరిపి ంచకు ము !	*Ja**ripinchakumu**!*

Gerund

(The act of making it) happen	జరిపి ంచడం	*Ja**ripinchadam***

41.

To **have**	ఉండట	*Unduta*

Present Tense

I have	నా వద్దఉన్నది	*Naa vadhdha u**nnadhi***
You have	నీ వద్దఉన్నది	*Nee vadhdha u**nnadhi***
He has	అతని వద్దఉన్నది	*Athani vadhdha u**nnadhi***
She has	ఆమె వద్దఉన్నది	*Aame vadhdha u**nnadhi***
They have	వాళ్లవద్దఉన్నది	*Valla vadhdha u**nnadhi***

Past Tense

I had	నా వద్దఉండేది	*Naa vadhdha un**dedhi***
You had	నీ వద్దఉండేది	*Nee vadhdha un**dedhi***
He had	అతని వద్దఉండేది	*Athani vadhdha un**dedhi***
She had	ఆమె వద్దఉండేది	*Aame vadhdha un**dedhi***
They had	వాళ్లవద్దఉండేది	*Vaalla vadhdha un**dedhi***

Future Tense

I will have	నా వద్దఉంటు ంది	*Naa vadhdha un**tundhi***
You will have	నీ వద్దఉంటు ంది	*Nee vadhdha un**tundhi***
He will have	అతని వద్దఉంటు ంది	*Athani vadhdha un**tundhi***
She will have	ఆమె వద్దఉంటు ంది	*Aame vadhdha un**tundhi***
They will have	వాళ్లవద్దఉంటు ంది	*Vaalla vadhdha un**tundhi***

Negative

I will not have	నా వద్దఉండదు	*Naa vadhdha un**dadhu***
You will not have	నీ వద్దఉండదు	*Nee vadhdha un**dadhu***
He will not have	అతని వద్దఉండదు	*Athani vadhdha un**dadhu***
She will not have	ఆమె వద్దఉండదు	*Aame vadhdha un**dadhu***
They will not have	వాళ్ళవద్దఉండదు	*Vaallu vadhdha un**dadhu***

Durative

I have been having	నా వద్దఉంటూ ఉన్నది	*Naa vadhdha un**tuu unnadhi***
You have been having	నీ వద్దఉంటూ ఉన్నది	*Nee vadhdha un**tuu unnadhi***
He has been having	అతని వద్దఉంటూ ఉన్నది	*Athani vadhdha un**tuu unnadhi***
She has been having	ఆమె వద్దఉంటూ ఉన్నది	*Aame vadhdha un**tuu unnadhi***
They have been having	వాళ్ళవద్దఉంటూ ఉన్నది	*Vaalla vadhdha un**tuu unnadhi***

Present Participle
(While) having — ఉంటూ — *Un**tuu***

Past Participle
(Can) have — ఉండగల — *Un**dagala***

Negative Participle
(Cannot) have — ఉండలేని — *Un**daleni***

Imperative
Have! — ఉండుము ! — *Un**dumu**!*

Negative Imperative
Do not have! — ఉండకుము ! — *Un**dakumu**!*

Gerund
(The act of) having — ఉండడం — *Un**dadam***

42.

To **hear**	వినుట	*Vinuta*

Present Tense

I hear	నేను వింటున్నాను	*Nenu vin**tunnaanu***
You hear	నువ్వు వింటున్నావు	*Nuvvu vin**tunnaavu***
He hears	అతడు వింటున్నాడు	*Athadu vin**tunnaadu***
She hears	ఆమె వింటున్నది	*Aame vin**tunnadhi***
They hear	వాళ్ళు వింటున్నారు	*Vaallu vin**tunnaaru***

Past Tense

I heard	నేను విన్నాను	*Nenu vi**nnaanu***
You heard	నువ్వు విన్నావు	*Nuvvu vi**nnsaavu***
He heard	అతడు విన్నాడు	*Athadu vi**nnaadu***
She heard	ఆమె విన్నది	*Aame vi**nnadhi***
They heard	వాళ్ళు విన్నారు	*Vaallu vi**nnaaru***

Future Tense

I will hear	నేను వింటాను	*Nenu vin**taanu***
You will hear	నువ్వు వింటావు	*Nuvvu vin**taavu***
He will hear	అతడు వింటాడు	*Athadu vin**taadu***
She will hear	ఆమె వింటుంది	*Aame vin**tundhi***
They will hear	వాళ్ళు వింటారు	*Vaallu vin**taaru***

<u>Negative</u>

I will not hear	నేను వినను	*Nenu vi**nanu***
You will not hear	నువ్వు వినవు	*Nuvvu vi**navu***
He will not hear	అతడు వినడు	*Athadu vi**nadu***
She will not hear	ఆమె వినదు	*Aame vi**nadhu***
They will not hear	వాళ్ళ వినరు	*Vaallu vi**naru***

<u>Durative</u>

I have been hearing	నేను వింటూ ఉన్నాను	*Nenu vin**tuu unnaanu***
You have been hearing	నువ్వు వింటూ ఉన్నావు	*Nuvvu vin**tuu unnaavu***
He has been hearing	అతడు వింటూ ఉన్నాడు	*Athadu vin**tuu unnaadu***
She has been hearing	ఆమె వింటూ ఉన్నది	*Aame vin**tuu unnadhi***
They have been hearing	వాళ్ళ వింటూ ఉన్నారు	*Vaallu vin**tuu unnaaru***

<u>Present Participle</u>

(While) hearing	వింటూ	*Vin**tuu***

<u>Past Participle</u>

(Can) hear	వినగల	*Vi**nagala***

<u>Negative Participle</u>

(Cannot) hear	వినలేని	*Vi**naleni***

<u>Imperative</u>

Hear!	వినుము !	*Vinu**mu**!*

<u>Negative Imperative</u>

Do not hear!	వినకుము !	*Vi**nakumu**!*

<u>Gerund</u>

(The act of) hearing	వినడం	*Vi**nadam***

43.

To help　　　తోడ్పడుట　　　*Thodpaduta*

Present Tense

I help	నేను తోడ్పడుతున్నాను	*Nenu thodpadu**thunnaanu***
You help	నువ్వు తోడ్పడుతున్నావు	*Nuvvu thodpadu**thunnaavu***
He helps	అతడు తోడ్పడుతున్నాడు	*Athadu thodpadu**thunnaadu***
She helps	ఆమె తోడ్పడుతున్నది	*Aame thodpadu**thunnadhi***
They help	వాళ్ళు తోడ్పడుతున్నారు	*Vaallu thodpadu**thunnaaru***

Past Tense

I helped	నేను తోడ్పడ్డాను	*Nenu thodpa**ddaanu***
You helped	నువ్వు తోడ్పడ్డావు	*Nuvvu thodpa**ddaavu***
He helped	అతడు తోడ్పడ్డాడు	*Athadu thodpa**ddaadu***
She helped	ఆమె తోడ్పడింది	*Aame thodpa**dindhi***
They helped	వాళ్ళు తోడ్పడ్డారు	*Vaallu thodpa**ddaaru***

Future Tense

I will help	నేను తోడ్పడతాను	*Nenu thodpadu**thaanu***
You will help	నువ్వు తోడ్పడతావు	*Nuvvu thodpadu**thaavu***
He will help	అతడు తోడ్పడతాడు	*Athadu thodpadu**thaadu***
She will help	ఆమె తోడ్పడుతుంది	*Aame thodpadu**thundhi***
They will help	వాళ్ళు తోడ్పడతారు	*Vaallu thodpadu**thaaru***

Negative

I will not help	నేను తోడ్పడను	Nenu thodpa**danu**
You will not help	నువ్వు తోడ్పడవు	Nuvvu thodpa**davu**
He will not help	అతడు తోడ్పడడు	Athadu thodpa**dadu**
She will not help	ఆమె తోడ్పడదు	Aame thodpa**dadhu**
They will not help	వాళ్ళు తోడ్పడరు	Vaallu thodpa**daru**

Durative

I have been helping	నేను తోడ్పడుతూ ఉన్నాను	Nenu thodpadu**thuu unnaanu**
You have been helping	నువ్వు తోడ్పడుతూ ఉన్నావు	Nuvvu thodpadu**thuu unnaavu**
He has been helping	అతడు తోడ్పడుతూ ఉన్నాడు	Athadu thodpadu**thuu unnaadu**
She has been helping	ఆమె తోడ్పడుతూ ఉన్నది	Aame thodpadu**thuu unnadhi**
They have been helping	వాళ్ళు తోడ్పడుతూ ఉన్నారు	Vaallu thodpadu**thuu unnaaru**

Present Participle (While) doing	తోడ్పడుతూ	Thodpadu**thuu**
Past Participle (Can) help	తోడ్పడగల	Thodpa**dagala**
Negative Participle (Cannot) help	తోడ్పడని	Thodpa**dani**
Imperative Help!	తోడ్పడుము!	Thodpadu**mu**!
Negative Imperative Do not help!	తోడ్పడకుము!	Thodpa**dakumu**!
Gerund (The act of) helping	తోడ్పడడం	Thodpa**dadam**

44.

| To **hold** | పట్టుకొనుట | *Pattukonuta* |

Present Tense

I hold	నేను పట్టుకొంటున్నాను	*Nenu pattukon**tunnaanu***
You hold	నువ్వు పట్టుకొంటున్నావు	*Nuvvu pattukon**tunnaavu***
He holds	అతడు పట్టుకొంటున్నాడు	*Athadu pattukon**tunnaadu***
She holds	ఆమె పట్టుకొంటున్నది	*Aame pattukon**tunnadhi***
They hold	వాళ్ళు పట్టుకొంటున్నారు	*Vaallu pattukon**tunnaaru***

Past Tense

I held	నేను పట్టుకొన్నాను	*Nenu pattuko**nnaanu***
You held	నువ్వు పట్టుకొన్నావు	*Nuvvu pattuko**nnaavu***
He held	అతడు పట్టుకొన్నాడు	*Athadu pattuko**nnaadu***
She held	ఆమె పట్టుకొన్నది	*Aame pattuko**nnadhi***
They held	వాళ్ళు పట్టుకొన్నారు	*Vaallu pattuko**nnaaru***

Future Tense

I will hold	నేను పట్టుకొంటాను	*Nenu pattukon**taanu***
You will hold	నువ్వు పట్టుకొంటావు	*Nuvvu pattukon**taavu***
He will hold	అతడు పట్టుకొంటాడు	*Athadu pattukon**taadu***
She will hold	ఆమె పట్టుకొంటుంది	*Aame pattukon**tundhi***
They will hold	వాళ్ళు పట్టుకొంటారు	*Vaallu pattukon**taaru***

Negative

I will not hold	నేను పట్టుకోను	*Nenu pattu**konu***
You will not hold	నువ్వు పట్టుకోవు	*Nuvvu pattu**kovu***
He will not hold	అతడు పట్టుకోడు	*Athadu pattu**kodu***
She will not hold	ఆమె పట్టుకోదు	*Aame pattu**kodhu***
They will not hold	వాళ్ళు పట్టుకోరు	*Vaallu pattu**koru***

Durative

I have been holding	నేను పట్టుకొంటూ ఉన్నాను	*Nenu pattukon**tuu unnaanu***
You have been holding	నువ్వు పట్టుకొంటూ ఉన్నావు	*Nuvvu pattukon**tuu unnaavu***
He has been holding	అతడు పట్టుకొంటూ ఉన్నాడు	*Athadu pattukon**tuu unnaadu***
She has been holding	ఆమె పట్టుకొంటూ ఉన్నది	*Aame pattukon**tuu unnadhi***
They have been holding	వాళ్ళు పట్టుకొంటూ ఉన్నారు	*Vaallu pattukon**tuu unnaaru***

Present Participle

(While) holding	పట్టుకొంటూ	*Pattukon**tuu***

Past Participle

(Can) hold	పట్టుకోగల	*Pattu**kogala***

Negative Participle

(Cannot) hold	పట్టుకోలేని	*Pattu**koleni***

Imperative

Hold!	పట్టుకొనుము !	*Pattukonu**mu**!*

Negative Imperative

Do not hold!	పట్టుకోకుము !	*Pattu**kokum**u!*

Gerund

(The act of) holding	పట్టుకోవడం	*Pattu**kovadam***

45.

To increase పెంచుట *Penchuta*

Present Tense

I increase	నేను పెంచుతున్నాను	*Nenu penchuthunnaanu*
You increase	నువ్వు పెంచుతున్నావు	*Nuvvu penchuthunnaavu*
He increases	అతడు పెంచుతున్నాడు	*Athadu penchuthunnaadu*
She increases	ఆమె పెంచుతున్నది	*Aame penchuthunnadhi*
They increase	వాళ్ళు పెంచుతున్నారు	*Vaallu penchuthunnaaru*

Past Tense

I increased	నేను పెంచాను	*Nenu penchaanu*
You increased	నువ్వు పెంచావు	*Nuvvu penchaavu*
He increased	అతడు పెంచాడు	*Athadu penchaadu*
She increased	ఆమె పెంచింది	*Aame penchindhi*
They increased	వాళ్ళు పెంచారు	*Vaallu penchaaru*

Future Tense

I will increase	నేను పెంచుతాను	*Nenu penchuthaanu*
You will increase	నువ్వు పెంచుతావు	*Nuvvu penchuthaavu*
He will increase	అతడు పెంచుతాడు	*Athadu penchuthaadu*
She will increase	ఆమె పెంచుతుంది	*Aame penchuthundhi*
They will increase	వాళ్ళు పెంచుతారు	*Vaallu penchuthaaru*

Negative

I will not increase	నేను పెంచను	*Nenu pen**chanu***
You will not increase	నువ్వు పెంచవు	*Nuvvu pen**chavu***
He will not increase	అతడు పెంచడు	*Athadu pen**chadu***
She will not increase	ఆమె పెంచదు	*Aame pen**chadhu***
They will not increase	వాళ్ళు పెంచరు	*Vaallu pen**charu***

Durative

I have been increasing	నేను పెంచుతూ ఉన్నాను	*Nenu pen**chuthuu** unnaanu*
You have been increasing	నువ్వు పెంచుతూ ఉన్నావు	*Nuvvu pen**chuthuu** unnaavu*
He has been increasing	అతడు పెంచుతూ ఉన్నాడు	*Athadu pen**chuthuu**unnaadu*
She has been increasing	ఆమె పెంచుతూ ఉన్నది	*Aame pen**chuthuu** unnadhi*
They have been increasing	వాళ్ళు పెంచుతూ ఉన్నారు	*Vaallu pen**chuthuu** unnaaru*

Present Participle (While) increasing	పెంచుతూ	*Pen**chuthuu***
Past Participle (Can) increase	పెంచగల	*Pen**chagala***
Negative Participle (Cannot) increase	పెంచలేని	*Pen**chaleni***
Imperative Increase!	పెంచుము!	*Pen**chumu**!*
Negative Imperative Do not increase!	పెంచకుము!	*Pen**chakumu**!*
Gerund (The act of) increasing	పెంచడం	*Pen**chadam***

46.

To **introduce**	ప్రవేశపెట్టుట	*Praveshapettuta*

Present Tense

I introduce	నేను ప్రవేశపెడుతున్నాను	*Nenu praveshape**duthunnaanu***
You introduce	నువ్వు ప్రవేశపెడుతున్నావు	*Nuvvu praveshape**duthunnaavu***
He introduces	అతడు ప్రవేశపెడుతున్నాడు	*Athadu praveshape**duthunnaadu***
She introduces	ఆమె ప్రవేశపెడుతున్నది	*Aame praveshape**duthunnadhi***
They introduce	వాళ్ళు ప్రవేశపెడుతున్నారు	*Vaallu praveshape**duthunnaaru***

Past Tense

I introduced	నేను ప్రవేశపెట్టాను	*Nenu praveshape**ttaanu***
You introduced	నువ్వు ప్రవేశపెట్టావు	*Nuvvu praveshape**ttaavu***
He introduced	అతడు ప్రవేశపెట్టాడు	*Athadu praveshape**ttaadu***
She introduced	ఆమె ప్రవేశపెట్టింది	*Aame praveshape**ttindhi***
They introduced	వాళ్ళు ప్రవేశపెట్టారు	*Vaallu praveshape**ttaaru***

Future Tense

I will introduce	నేను ప్రవేశపెడ్తాను	*Nenu praveshape**dtaanu***
You will introduce	నువ్వు ప్రవేశపెడ్తావు	*Nuvvu praveshape**dtaavu***
He will introduce	అతడు ప్రవేశపెడ్తాడు	*Athadu praveshape**dtaadu***
She will introduce	ఆమె ప్రవేశపెడ్తుంది	*Aame praveshape**dtundhi***
They will introduce	వాళ్ళు ప్రవేశపెడ్తారు	*Vaallu praveshape**dtaaru***

Negative

I will not introduce	నేను ప్రవేశపెట్టను	*Nenu praveshape**ttanu***
You will not introduce	నువ్వు ప్రవేశపెట్టవు	*Nuvvu praveshape**ttavu***
He will not introduce	అతడు ప్రవేశపెట్టడు	*Athadu praveshape**ttadu***
She will not introduce	ఆమె ప్రవేశపెట్టదు	*Aame praveshape**ttadhu***
They will not introduce	వాళ్ళు ప్రవేశపెట్టరు	*Vaallu praveshape**ttaru***

Durative

I have been introducing	నేను ప్రవేశపెడు తూ ఉన్నాను	*Nenu praveshapedu**thuu unnaanu***
You have been introducing	నువ్వు ప్రవేశపెడు తూ ఉన్నావు	*Nuvvu praveshapedu**thuu unnaavu***
He has been introducing	అతడు ప్రవేశపెడు తూ ఉన్నాడు	*Athadu praveshapedu**thuu unnaadu***
She has been introducing	ఆమె ప్రవేశపెడు తూ ఉన్నది	*Aame praveshapedu**thuu unnadhi***
They have been introducing	వాళ్ళు ప్రవేశపెడు తూ ఉన్నారు	*Vaallu praveshapedu**thuu unnaaru***

Present Participle
(While) introducing — ప్రవేశపెడు తూ — *Praveshape**duthuu***

Past Participle
(Can) introduce — ప్రవేశపెట్టగల — *Praveshape**ttagala***

Negative Participle
(Cannot) introduce — ప్రవేశపెట్టలేని — *Praveshape**ttaleni***

Imperative
Introduce! — ప్రవేశపెట్టుము ! — *Praveshape**ttumu**!*

Negative Imperative
Do not introduce! — ప్రవేశపెట్టకు ము ! — *Praveshape**ttakumu**!*

Gerund
(The act of) introducing — ప్రవేశపెట్టడం — *Praveshape**ttadam***

47.

| To **invite** | ఆహ్వానించుట | *Aahvaaninchuta* |

Present Tense

I invite	నేను ఆహ్వానిస్తున్నాను	*Nenu aahvaani**sthunnaanu***
You invite	నువ్వు ఆహ్వానిస్తున్నావు	*Nuvvu aahvaani**sthunnaavu***
He invites	అతడు ఆహ్వానిస్తున్నాడు	*Athadu aahvaani**sthunnaadu***
She invites	ఆమె ఆహ్వానిస్తున్నది	*Aame aahvaani**sthunnadhi***
They invite	వాళ్ళు ఆహ్వానిస్తున్నారు	*Vaallu aahvaani**sthunnaaru***

Past Tense

I invited	నేను ఆహ్వానించాను	*Nenu aahvaanin**chaanu***
You invited	నువ్వు ఆహ్వానించావు	*Nuvvu aahvaanin**chaavu***
He invited	అతడు ఆహ్వానించాడు	*Athadu aahvaanin**chaadu***
She invited	ఆమె ఆహ్వానించింది	*Aame aahvaanin**chindhi***
They invited	వాళ్ళు ఆహ్వానించారు	*Vaallu aahvaanin**chaaru***

Future Tense

I will invite	నేను ఆహ్వానిస్తాను	*Nenu aahvaani**sthaanu***
You will invite	నువ్వు ఆహ్వానిస్తావు	*Nuvvu aahvaani**sthaavu***
He will invite	అతడు ఆహ్వానిస్తాడు	*Athadu aahvaani**sthaadu***
She will invite	ఆమె ఆహ్వానిస్తుంది	*Aame aahvaani**sthundhi***
They will invite	వాళ్ళు ఆహ్వానిస్తారు	*Vaallu aahvaani**sthaaru***

Negative

I will not invite	నేను ఆహ్వానించను	*Nenu aahvaaninchanu*
You will not invite	నువ్వు ఆహ్వానించవు	*Nuvvu aahvaaninchavu*
He will not invite	అతడు ఆహ్వానించడు	*Athadu aahvaaninchadu*
She will not invite	ఆమె ఆహ్వానించదు	*Aame aahvaaninchadhu*
They will not invite	వాళ్ళు ఆహ్వానించరు	*Vaallu aahvaanincharu*

Durative

I have been inviting	నేను ఆహ్వానిస్తూ ఉన్నాను	*Nenu aahvaanisthuu unnaanu*
You have been inviting	నువ్వు ఆహ్వానిస్తూ ఉన్నావు	*Nuvvu aahvaanisthuu unnaavu*
He has been inviting	అతడు ఆహ్వానిస్తూ ఉన్నాడు	*Athadu aahvaanisthuu unnaadu*
She has been inviting	ఆమె ఆహ్వానిస్తూ ఉన్నది	*Aame aahvaanisthuu unnadhi*
They have been inviting	వాళ్ళు ఆహ్వానిస్తూ ఉన్నారు	*Vaallu aahvaanisthuu unnaaru*

Present Participle (While) inviting	ఆహ్వానిస్తూ	*Aahvaanisthuu*
Past Participle (Can) invite	ఆహ్వానించగల	*Aahvaaninchagala*
Negative Participle (Cannot) invite	ఆహ్వానించలేని	*Aahvaaninchaleni*
Imperative Invite!	ఆహ్వానించుము!	*Aahvaaninchumu!*
Negative Imperative Do not invite!	ఆహ్వానించకుము!	*Aahvaaninchakumu!*
Gerund (The act of) inviting	ఆహ్వానించడం	*Aahvaaninchadam*

48.

To **kill**	**చంపుట**	*Champuta*

Present Tense

I kill	నేను చంపు**తున్నాను**	*Nenu champu**thunnaanu***
You kill	నువ్వు చంపు**తున్నావు**	*Nuvvu champu**thunnaavu***
He kills	అతడు చంపు**తున్నాడు**	*Athadu champu**thunnaadu***
She kills	ఆమె చంపు**తున్నది**	*Aame champu**thunnadhi***
They kill	వాళ్ళు చంపు**తున్నారు**	*Vaallu champu**thunnaaru***

Past Tense

I killed	నేను చం**పాను**	*Nenu cham**paanu***
You killed	నువ్వు చం**పావు**	*Nuvvu cham**paavu***
He killed	అతడు చం**పాడు**	*Athadu cham**paadu***
She killed	ఆమె చం**పింది**	*Aame cham**pindhi***
They killed	వాళ్ళు చం**పారు**	*Vaallu cham**paaru***

Future Tense

I will kill	నేను చంపు**తాను**	*Nenu champu**thaanu***
You will kill	నువ్వు చంపు**తావు**	*Nuvvu champu**thaavu***
He will kill	అతడు చంపు**తాడు**	*Athadu champu**thaadu***
She will kill	ఆమె చంపు**తుంది**	*Aame champu**thundhi***
They will kill	వాళ్ళు చంపు**తారు**	*Vaallu champu**thaaru***

Negative

I will not kill	నేను చంపను	*Nenu cham**panu***
You will not kill	నువ్వు చంపవు	*Nuvvu cham**pavu***
He will not kill	అతడు చంపడు	*Athadu cham**padu***
She will not kill	ఆమె చంపదు	*Aame cham**padhu***
They will not kill	వాళ్ళు చంపరు	*Vaallu cham**paru***

Durative

I have been killing	నేను చంపతూ ఉన్నాను	*Nenu champu**thuu unnaanu***
You have been killing	నువ్వు చంపతూ ఉన్నావు	*Nuvvu champu**thuu unnaavu***
He has been killing	అతడు చంపతూ ఉన్నాడు	*Athadu champu**thuu unnaadu***
She has been killing	ఆమె చంపతూ ఉన్నది	*Aame champu**thuu unnadhi***
They have been killing	వాళ్ళు చంపతూ ఉన్నారు	*Vaallu champu**thuu unnaaru***

Present Participle (While) killing	చంపతూ	*Cham**puthuu***
Past Participle (Can) kill	చంపగల	*Cham**pagala***
Negative Participle (Cannot) kill	చంపలేని	*Cham**paleni***
Imperative Kill!	చంపము !	*Cham**pumu**!*
Negative Imperative Do not kill!	చంపకుము !	*Cham**pakumu**!*
Gerund (The act of) killing	చంపడం	*Cham**padam***

49.

To **kiss**	ముద్దుపెట్టుట	*Muddupettuta*

Present Tense

I kiss	నేను ముద్దుపెడుతున్నాను	*Nenu muddupe**duthunnaanu***
You kiss	నువ్వు ముద్దుపెడుతున్నావు	*Nuvvu muddupe**duthunnaavu***
He kisses	అతడు ముద్దుపెడుతున్నాడు	*Athadu muddupe**duthunnaadu***
She kisses	ఆమె ముద్దుపెడుతున్నది	*Aame muddupe**duthunnadhi***
They kiss	వాళ్ళు ముద్దుపెడుతున్నారు	*Vaallu muddupe**duthunnaaru***

Past Tense

I kissed	నేను ముద్దుపెట్టాను	*Nenu muddupe**ttaanu***
You kissed	నువ్వు ముద్దుపెట్టావు	*Nuvvu muddupe**ttaavu***
He kissed	అతడు ముద్దుపెట్టాడు	*Athadu muddupe**ttaadu***
She kissed	ఆమె ముద్దుపెట్టింది	*Aame muddupe**ttindhi***
They kissed	వాళ్ళు ముద్దుపెట్టారు	*Vaallu muddupe**ttaaru***

Future Tense

I will kiss	నేను ముద్దుపెడతాను	*Nenu muddupe**duthaanu***
You will kiss	నువ్వు ముద్దుపెడతావు	*Nuvvu muddupe**duthaavu***
He will kiss	అతడు ముద్దుపెడతాడు	*Athadu muddupe**duthaadu***
She will kiss	ఆమె ముద్దుపెడతుంది	*Aame muddupe**duthundhi***
They will kiss	వాళ్ళు ముద్దుపెడతారు	*Vaallu muddupe**duthaaru***

Negative

I will not kiss	నేను ముద్దుపెట్టను	Nenu muddupe**ttanu**
You will not kiss	నువ్వు ముద్దుపెట్టవు	Nuvvu muddupe**ttavu**
He will not kiss	అతడు ముద్దుపెట్టడు	Athadu muddupe**ttadu**
She will not kiss	ఆమె ముద్దుపెట్టదు	Aame muddupe**ttadhu**
They will not kiss	వాళ్ళు ముద్దుపెట్టరు	Vaallu muddupe**ttaru**

Durative

I have been kissing	నేను ముద్దుపెడుతూ ఉన్నాను	Nenu muddupedu**thuu unnaanu**
You have been kissing	నువ్వు ముద్దుపెడుతూ ఉన్నావు	Nuvvu muddupedu**thuu unnaavu**
He has been kissing	అతడు ముద్దుపెడుతూ ఉన్నాడు	Athadu muddupedu**thuu unnaadu**
She has been kissing	ఆమె ముద్దుపెడుతూ ఉన్నది	Aame muddupedu**thuu unnadhi**
They have been kissing	వాళ్ళు ముద్దుపెడుతూ ఉన్నారు	Vaallu muddupedu**thuu unnaaru**

Present Participle (While) kissing	ముద్దుపెడుతూ	Muddupe**duthuu**
Past Participle (Can) kiss	ముద్దుపెట్టగల	Muddupe**ttagala**
Negative Participle (Cannot) kiss	ముద్దుపెట్టలేని	Muddupe**ttaleni**
Imperative Kiss!	ముద్దుపెట్టుము!	Muddupe**ttumu!**
Negative Imperative Do not kiss!	ముద్దుపెట్టకుము!	Muddupe**ttakumu!**
Gerund (The act of) kissing	ముద్దుపెట్టడం	Muddupe**ttadam**

50.

To **know**	తెలిసుకొనుట	*Thelusukonuta*

Present Tense

I know	నాకు తెలుసు	***Naaku thelusu***
You know	నీకు తెలుసు	***Neeku thelusu***
He knows	అతనికి తెలుసు	***Ataniki thelusu***
She knows	ఆమెకి తెలుసు	***Aameki thelusu***
They know	వాళ్ళకి తెలుసు	***Vaallaki thelusu***

Past Tense

I knew	నాకు తెలిసింది	*Naaku the**lisindhi***
You knew	నీకు తెలిసింది	*Neeku the**lisindhi***
He knew	అతనికి తెలిసింది	*Athaniki the**lisindhi***
She knew	ఆమెకి తెలిసింది	*Aameki the**lisindhi***
They knew	వాళ్ళకి తెలిసింది	*Vaallaki the**lisindhi***

Future Tense

I will know	నాకు తెలుస్తుంది	*Naaku thelus**thundi***
You will know	నీకు తెలుస్తుంది	*Neeku thelusu**thundi***
He will know	అతనికి తెలుస్తుంది	*Athaniki thelusu**thundi***
She will know	ఆమెకి తెలుస్తుంది	*Aameki thelusu**thundi***
They will know	వాళ్ళకి తెలుస్తుంది	*Vaallaki thelusu**thundi***

Negative

I will not know	నేను తెలుసుకోను	*Nenu thelusu**konu***
You will not know	నువ్వు తెలుసుకోవు	*Nuvvu thelusu**kovu***
He will not know	అతడు తెలుసుకోడు	*Athadu thelusu**kodu***
She will not know	ఆమె తెలుసుకోదు	*Aame thelusu**kodhu***
They will not know	వాళ్ళు తెలుసుకోరు	*Vaallu thelusu**koru***

Durative

I have been knowing	**నాకు తెలుస్తూఉన్నది**	***naaku thelustuu unnadi***
You have been knowing	**నీకు తెలుస్తూఉన్నది**	***neeku thelustuu unnadi***
He has been knowing	**అతనికి తెలుస్తూఉన్నది**	***ataniki thelustuu unnadi***
She has been knowing	ఆమెకి తెలుస్తూఉన్నది	***aameki thelustuu unnadi***
They have been knowing	**వాళ్ళకి తెలుస్తూఉన్నది**	***vaallaki thelustuu unnadi***

Present Participle (While) knowing	**తెలుస్తూ**	*Thelusthuu*
Past Participle (Can) know	తెలియగల	*The**liyagala***
Negative Participle (Cannot) know	తెలియలేని	*The**liyaleni***
Imperative Know!	తెలుసుకొమ్ము	*Thelusuko**mmu**!*
Negative Imperative Do not know!	తెలుసుకోకుము !	*Thelusu**kokumu**!*
Gerund (The act of) knowing	తెలుసుకోవడం	*Thelusu**kovadam***

51.

To **laugh**	నవ్వుట	*Navvuta*

Present Tense

I laugh	నేను నవ్వుతు న్నాను	*Nenu navvu**thunnaanu***
You laugh	ను వ్వు నవ్వుతు న్నావు	*Nuvvu navvu**thunnaavu***
He laughs	అతడు నవ్వుతు న్నాడు	*Athadu navvu**thunnaadu***
She laughs	ఆమె నవ్వుతు న్నది	*Aame navvu**thunnadhi***
They laugh	వాళ్ళ నవ్వుతు న్నారు	*Vaallu navvu**thunnaaru***

Past Tense

I laughed	నేను నవ్వాను	*Nenu na**vvaanu***
You laughed	ను వ్వు నవ్వావు	*Nuvvu na**vvaavu***
He laughed	అతడు నవ్వాడు	*Athadu na**vvaadu***
She laughed	ఆమె నవ్వింది	*Aame na**vvindhi***
They laughed	వాళ్ళ నవ్వారు	*Vaallu na**vvaaru***

Future Tense

I will laugh	నేను నవ్వుతాను	*Nenu navvu**thaanu***
You will laugh	ను వ్వు నవ్వుతావు	*Nuvvu navvu**thaavu***
He will laugh	అతడు నవ్వుతాడు	*Athadu navvu**thaadu***
She will laugh	ఆమె నవ్వుతు ంది	*Aame navvu**thundhi***
They will laugh	వాళ్ళ నవ్వుతారు	*Vaallu navvu**thaaru***

Negative

I will not laugh	నేను నవ్వను	*Nenu na**vvanu***
You will not laugh	నువ్వు నవ్వవు	*Nuvvu na**vvavu***
He will not laugh	అతడు నవ్వడు	*Athadu na**vvadu***
She will not laugh	ఆమె నవ్వదు	*Aame na**vvadhu***
They will not laugh	వాళ్ళు నవ్వరు	*Vaallu na**vvaru***

Durative

I have been laughing	నేను నవ్వుతూ ఉన్నాను	*Nenu navvu**thuu unnaanu***
You have been laughing	నువ్వు నవ్వుతూ ఉన్నావు	*Nuvvu navvu**thuu unnaavu***
He has been laughing	అతడు నవ్వుతూ ఉన్నాడు	*Athadu navvu**thuu unnaadu***
She has been laughing	ఆమె నవ్వుతూ ఉన్నది	*Aame navvu**thuu unnadhi***
They have been laughing	వాళ్ళు నవ్వుతూ ఉన్నారు	*Vaallu navvu**thuu unnaaru***

Present Participle

(While) laughing	నవ్వుతూ	*Navvu**thuu***

Past Participle

(Can) laugh	నవ్వగల	*Na**vvagala***

Negative Participle

(Cannot) laugh	నవ్వలేని	*Na**vvaleni***

Imperative

Laugh!	నవ్వుము !	*Navvu**mu**!*

Negative Imperative

Do not laugh!	నవ్వకుము !	*Na**vvakumu**!*

Gerund

(The act of) laughing	నవ్వడం	*Na**vvadam***

52.

To **learn**	నేర్చుకొను ట	*Nerchukonuta*

<u>Present Tense</u>

I learn	నేను నేర్చుకొంటు న్నాను	*Nenu nerchukon**tunnaanu***
You learn	ను వ్వు నేర్చుకొంటు న్నావు	*Nuvvu nerchukon**tunnaavu***
He learns	అతడు నేర్చుకొంటు న్నాడు	*Athadu nerchukon**tunnaadu***
She learns	ఆమె నేర్చుకొంటు న్నది	*Aame nerchukon**tunnadhi***
They learn	వాళ్ళ నేర్చుకొంటు న్నారు	*Vaallu nerchukon**tunnaar**u*

<u>Past Tense</u>

I learnt	నేను నేర్చుకొన్నాను	*Nenu nerchuko**nnaanu***
You learnt	ను వ్వు నేర్చుకొన్నావు	*Nuvvu nerchuko**nnaavu***
He learnt	అతడు నేర్చుకొన్నాడు	*Athadu nerchuko**nnaadu***
She learnt	ఆమె నేర్చుకొన్నది	*Aame nerchuko**nnadhi***
They learnt	వాళ్ళ నేర్చుకొన్నారు	*Vaallu nerchuko**nnaaru***

<u>Future Tense</u>

I will learn	నేను నేర్చుకొంటాను	*Nenu nerchukon**taanu***
You will learn	ను వ్వు నేర్చుకొంటావు	*Nuvvu nerchukon**taavu***
He will learn	అతడు నేర్చుకొంటాడు	*Athadu nerchukon**taadu***
She will learn	ఆమె నేర్చుకొంటు ంది	*Aame nerchukon**tundhi***
They will learn	వాళ్ళ నేర్చుకొంటారు	*Vaallu nerchukon**taaru***

Negative

I will not learn	నేను నేర్చుకోను	*Nenu nerchu**konu***
You will not learn	నువ్వు నేర్చుకోవు	*Nuvvu nerchu**kovu***
He will not learn	అతడు నేర్చుకోడు	*Athadu nerchu**kodu***
She will not learn	ఆమె నేర్చుకోదు	*Aame nerchu**kodhu***
They will not learn	వాళ్ళ నేర్చుకోరు	*Vaallu nerchu**koru***

Durative

I have been learning	నేను నేర్చుకొంటూ ఉన్నాను	*Nenu nerchukon**tuu unnaanu***
You have been learning	నువ్వు నేర్చుకొంటూ ఉన్నావు	*Nuvvu nerchukon**tuu unnaavu***
He has been learning	అతడు నేర్చుకొంటూ ఉన్నాడు	*Athadu nerchukon**tuu unnaadu***
She has been learning	ఆమె నేర్చుకొంటూ ఉన్నది	*Aame nerchukon**tuu unnadhi***
They have been learning	వాళ్ళ నేర్చుకొంటూ ఉన్నారు	*Vaallu nerchukon**tuu unnaaru***

Present Participle
(While) learning — నేర్చుకొంటూ — *Nerchukon**tuu***

Past Participle
(Can) learn — నేర్చుకోగల — *Nerchu**kogala***

Negative Participle
(Cannot) learn — నేర్చుకోలేని — *Nerchu**koleni***

Imperative
Learn! — నేర్చుకొనుము ! — *Nerchu**konumu**!*

Negative Imperative
Do not learn! — నేర్చుకోకుము ! — *Nerchu**kokumu**!*

Gerund
(The act of) learning — నేర్చుకోవడం — *Nerchu**kovadam***

53.

To lie down పడుకొనుట *Padukonuta*

Present Tense

I lie down	నేను పడుకొంటున్నాను	*Nenu padukon**tunnaanu***
You lie down	నువ్వు పడుకొంటున్నావు	*Nuvvu padukon**tunnaavu***
He lies down	అతడు పడుకొంటున్నాడు	*Athadu padukon**tunnaadu***
She lies down	ఆమె పడుకొంటున్నది	*Aame padukon**tunnadhi***
They lie down	వాళ్ళు పడుకొంటున్నారు	*Vaallu padukon**tunnaaru***

Past Tense

I lay down	నేను పడుకున్నాను	*Nenu padu**kunnaanu***
You lay down	నువ్వు పడుకున్నావు	*Nuvvu padu**kunnaavu***
He lay down	అతడు పడుకున్నాడు	*Athadu padu**kunnaadu***
She lay down	ఆమె పడుకున్నది	*Aame padu**kunnadhi***
They lay down	వాళ్ళు పడుకున్నారు	*Vaallu padu**kunnaaru***

Future Tense

I will lie down	నేను పడుకుంటాను	*Nenu padu**kuntaanu***
You will lie down	నువ్వు పడుకుంటావు	*Nuvvu padu**kuntaavu***
He will lie down	అతడు పడుకుంటాడు	*Athadu padu**kuntaadu***
She will lie down	ఆమె పడుకుంటుంది	*Aame padu**kuntundhi***
They will lie down	వాళ్ళు పడుకుంటారు	*Vaallu padu**kuntaaru***

Negative

I will not lie down	నేను పడు కోను	*Nenu padu**konu***
You will not lie down	నువ్వు పడు కోవు	*Nuvvu padu**kovu***
He will not lie down	అతడు పడు కోడు	*Athadu padu**kodu***
She will not lie down	ఆమె పడు కోదు	*Aame padu**kodhu***
They will not lie down	వాళ్ళ పడు కోరు	*Vaallu padu**koru***

Durative

I have been lying down	నేను పడు కొంటూ ఉన్నాను	*Nenu padukon**tuu unnaanu***
You have been lying down	నువ్వు పడు కొంటూ ఉన్నావు	*Nuvvu padukon**tuu unnaavu***
He has been lying down	అతడు పడు కొంటూ ఉన్నాడు	*Athadu padukon**tuu unnaadu***
She has been lying down	ఆమె పడు కొంటూ ఉన్నది	*Aame padukon**tuu unnadhi***
They have been lying down	వాళ్ళ పడు కొంటూ ఉన్నారు	*Vaallu padukon**tuu unnaaru***

Present Participle

(While) lying down	పడు కొంటూ	*Padukon**tuu***

Past Participle

(Can) lie down	పడు కోగల	*Padu**kogala***

Negative Participle

(Cannot) lie down	పడు కోలేని	*Padu**koleni***

Imperative

Lie down!	పడు కో!	*Padu**ko**!*

Negative Imperative

Do not lie down!	పడు కోకు!	*Padu**koku**!*

Gerund

(The act of) lying down	పడు కోవడం	*Padu**kovadam***

54.

To **like**	నచ్చుట	*Nachchuta*

Present Tense

I like	నాకు నచ్చుతు న్నది	*Naaku nachchu**thunnadi***
You like	నీకు నచ్చుతు న్నది	*Neeku nachchu**thunnadi***
He likes	అతనికి నచ్చుతు న్నది	*Athaniki nachchu**thunnadi***
She likes	ఆమెకు నచ్చుతు న్నది	*Aameku nachchu**thunnadi***
They like	వాళ్ళకు నచ్చుతు న్నది	*Vaallaku nachchu**thunnadi***

Past Tense

I liked	నాకు నచ్చింది	*Naaku na**chchindi***
You liked	నీకు నచ్చింది	*Neeku na**chchindi***
He liked	అతనికి నచ్చింది	*Athaniki na**chchindi***
She liked	ఆమెకు నచ్చింది	*Aameku na**chchindi***
They liked	వాళ్ళకు నచ్చింది	*Vaallaku na**chchindi***

Future Tense

I will like	నాకు నచ్చుతు ంది	*Naaku nachchu**thundi***
You will like	నీకు నచ్చుతు ంది	*Neeku nachchu**thundi***
He will like	అతనికి నచ్చుతు ంది	*Athaniki nachchu**thundi***
She will like	ఆమెకు నచ్చుతు ంది	*Aameku nachchu**thundi***
They will like	వాళ్ళకు నచ్చుతు ంది	*Vaallaku nachchu**thundi***

Negative

I will not like	నాకు నచ్చదు	*Naaku na**chchadhu***
You will not like	నీకు నచ్చదు	*Neeku na**chchadhu***
He will not like	అతనికి నచ్చదు	*Athaniki na**chchadhu***
She will not like	ఆమెకు నచ్చదు	*Aameku na**chchadhu***
They will not like	వాళ్ళకు నచ్చదు	*Vaallaku na**chchadhu***

Durative

I have been liking	నాకు నచ్చుతూ ఉన్నది	*Naaku nachchu**thuu unnadh**i*
You have been liking	నీకు నచ్చుతూ ఉన్నది	*Neeku nachchu**thuu unnadh**i*
He has been liking	అతనికి నచ్చుతూ ఉన్నది	*Athaniki nachchu**thuu unnadh**i*
She has been liking	ఆమెకు నచ్చుతూ ఉన్నది	*Aameku nachchu**thuu unnadh**i*
They have been liking	వాళ్ళకు నచ్చుతూ ఉన్నది	*Vaallaku nachchu**thuu unnadh**i*

Present Participle (While) liking	నచ్చుతూ	*Nachchu**thuu***
Past Participle (Can) like	నచ్చగల	*Na**chchagala***
Negative Participle (Cannot) like	నచ్చని	*Na**chchaleni***
Imperative Like!	నచ్చు	*Na**chchu**!*
Negative Imperative Do not like!	నచ్చకు!	*Na**chchaku**!*
Gerund (The act of) liking	నచ్చడం	*Na**chchadam***

55.

To **listen**	ఆలకించుట	*Aalakinchuta*

Present Tense

I listen	నేను ఆలకిస్తున్నాను	*Nenu aalaki**sthunnaanu***
You listen	నువ్వు ఆలకిస్తున్నావు	*Nuvvu aalaki**sthunnaavu***
He listens	అతడు ఆలకిస్తున్నాడు	*Athadu aalaki**sthunnaadu***
She listens	ఆమె ఆలకిస్తున్నది	*Aame aalaki**sthunnadhi***
They listen	వాళ్ళు ఆలకిస్తున్నారు	*Vaallu aalaki**sthunnaaru***

Past Tense

I listened	నేను ఆలకించాను	*Nenu aalakin**chaanu***
You listened	నువ్వు ఆలకించావు	*Nuvvu aalakin**chaavu***
He listened	అతడు ఆలకించాడు	*Athadu aalakin**chaadu***
She listened	ఆమె ఆలకించింది	*Aame aalakin**chindhi***
They listened	వాళ్ళు ఆలకించారు	*Vaallu aalakin**chaaru***

Future Tense

I will listen	నేను ఆలకిస్తాను	*Nenu aalaki**sthaanu***
You will listen	నువ్వు ఆలకిస్తావు	*Nuvvu aalaki**sthaavu***
He will listen	అతడు ఆలకిస్తాడు	*Athadu aalaki**sthaadu***
She will listen	ఆమె ఆలకిస్తుంది	*Aame aalaki**sthundhi***
They will listen	వాళ్ళు ఆలకిస్తారు	*Vaallu aalaki**sthaaru***

Negative

I will not listen	నేను ఆలకించను	*Nenu aalakinchanu*
You will not listen	నువ్వు ఆలకించవు	*Nuvvu aalakinchavu*
He will not listen	అతడు ఆలకించడు	*Athadu aalakinchadu*
She will not listen	ఆమె ఆలకించదు	*Aame aalakinchadhu*
They will not listen	వాళ్ళు ఆలకించరు	*Vaallu aalakincharu*

Durative

I have been listening	నేను ఆలకిస్తూఉన్నాను	*Nenu aalakisthuu unnaanu*
You have been listening	నువ్వు ఆలకిస్తూఉన్నావు	*Nuvvu aalakisthuu unnaavu*
He has been listening	అతడు ఆలకిస్తూఉన్నాడు	*Athadu aalakisthuu unnaadu*
She has been listening	ఆమె ఆలకిస్తూఉన్నది	*Aame aalakisthuu unnadhi*
They have been listening	వాళ్ళు ఆలకిస్తూఉన్నారు	*Vaallu aalakisthuu unnaaru*

Present Participle
(While) listening   ఆలకిస్తూ   *Aalakisthuu*

Past Participle
(Can) listen   ఆలకించగల   *Aalakinchagala*

Negative Participle
(Cannot) listen   ఆలకించలేని   *Aalakinchaleni*

Imperative
Listen!   ఆలకించుము!   *Aalakinchumu!*

Negative Imperative
Do not listen!   ఆలకించకుము!   *Aalakinchakumu!*

Gerund
(The act of) listening   ఆలకించడం   *Aalakinchadam*

56.

| To **live** | బ్రతుకుట | *Brathukuta* |

Present Tense

I live	నేను బ్రతుకుతున్నాను	*Nenu brathuku**thunnaanu***
You live	నువ్వు బ్రతుకుతున్నావు	*Nuvvu brathuku**thunnaavu***
He lives	అతడు బ్రతుకుతున్నాడు	*Athadu brathuku**thunnaadu***
She lives	ఆమె బ్రతుకుతున్నది	*Aame brathuku**thunnadhi***
They live	వాళ్ళు బ్రతుకుతున్నారు	*Vaallu brathuku**thunnaaru***

Past Tense

I lived	నేను బ్రతికాను	*Nenu bra**thikaanu***
You lived	నువ్వు బ్రతికావు	*Nuvvu bra**thikaavu***
He lived	అతడు బ్రతికాడు	*Athadu bra**thikaadu***
She lived	ఆమె బ్రతికింది	*Aame bra**thikindhi***
They lived	వాళ్ళు బ్రతికారు	*Vaallu bra**thikaaru***

Future Tense

I will live	నేను బ్రతుకుతాను	*Nenu brathuku**thaanu***
You will live	నువ్వు బ్రతుకుతావు	*Nuvvu brathuku**thaavu***
He will live	అతడు బ్రతుకుతాడు	*Athadu brathuku**thaadu***
She will live	ఆమె బ్రతుకుతుంది	*Aame brathuku**thundhi***
They will live	వాళ్ళు బ్రతుకుతారు	*Vaallu brathuku**thaaru***

Negative

I will not live	నేను బ్రతుకను	*Nenu brathu**kanu***
You will not live	నువ్వు బ్రతుకవు	*Nuvvu brathu**kavu***
He will not live	అతడు బ్రతుకడు	*Athadu brathu**kadu***
She will not live	ఆమె బ్రతుకదు	*Aame brathu**kadhu***
They will not live	వాళ్ళు బ్రతుకరు	*Vaallu brathu**karu***

Durative

I have been living	నేను బ్రతుకుతూ ఉన్నాను	*Nenu brathuku**thuu unnaanu***
You have been living	నువ్వు బ్రతుకుతూ ఉన్నావు	*Nuvvu brathuku**thuu unnaavu***
He has been living	అతడు బ్రతుకుతూ ఉన్నాడు	*Athadu brathuku**thuu unnaadu***
She has been living	ఆమె బ్రతుకుతూ ఉన్నది	*Aame brathuku**thuu unnadhi***
They have been living	వాళ్ళు బ్రతుకుతూ ఉన్నారు	*Vaallu brathuku**thuu unnaaru***

Present Participle (While) living	బ్రతుకుతూ	*Brathuku**thuu***
Past Participle (Can) live	బ్రతుకగల	*Brathu**kagala***
Negative Participle (Cannot) live	బ్రతుకలేని	*Brathu**kaleni***
Imperative Live!	బ్రతుకుము!	*Brathuku**mu!***
Negative Imperative Do not live!	బ్రతుకకుము!	*Brathu**kakumu!***
Gerund (The act of) living	బ్రతుకడం	*Brathu**kadam***

57.

To lose   ఓడిపోవట   *Odipovuta*

Present Tense

I lose	నేను ఓడిపోతున్నాను	*Nenu odipo**thunnaanu***
You lose	నువ్వు ఓడిపోతున్నావు	*Nuvvu odipo**thunnaavu***
He loses	అతడు ఓడిపోతున్నాడు	*Athadu odipo**thunnaadu***
She loses	ఆమె ఓడిపోతున్నది	*Aame odipo**thunnadhi***
They lose	వాళ్ళు ఓడిపోతున్నారు	*Vaallu odipo**thunnaaru***

Past Tense

I lost	నేను ఓడిపోయాను	*Nenu odipo**yaanu***
You lost	నువ్వు ఓడిపోయావు	*Nuvvu odipo**yaavu***
He lost	అతడు ఓడిపోయాడు	*Athadu odipo**yaadu***
She lost	ఆమె ఓడిపోయింది	*Aame odipo**yindhi***
They lost	వాళ్ళు ఓడిపోయారు	*Vaallu odipo**yaaru***

Future Tense

I will lose	నేను ఓడిపోతాను	*Nenu odipo**thaanu***
You will lose	నువ్వు ఓడిపోతావు	*Nuvvu odipo**thaavu***
He will lose	అతడు ఓడిపోతాడు	*Athadu odipo**thaadu***
She will lose	ఆమె ఓడిపోతుంది	*Aame odipo**thundhi***
They will lose	వాళ్ళు ఓడిపోతారు	*Vaallu odipo**thaaru***

Negative

I will not lose	నేను ఓడిపోను	*Nenu odipo**nu***
You will not lose	నువ్వు ఓడిపోవు	*Nuvvu odipo**vu***
He will not lose	అతడు ఓడిపోడు	*Athadu odipo**du***
She will not lose	ఆమె ఓడిపోదు	*Aame odipo**dhu***
They will not lose	వాళ్ళు ఓడిపోరు	*Vaallu odipo**ru***

Durative

I have been losing	నేను ఓడిపోతూ ఉన్నాను	*Nenu odipo**thuu** unnaanu*
You have been losing	నువ్వు ఓడిపోతూ ఉన్నావు	*Nuvvu odipo**thuu** unnaavu*
He has been losing	అతడు ఓడిపోతూ ఉన్నాడు	*Athadu odipo**thuu** unnaadu*
She has been losing	ఆమె ఓడిపోతూ ఉన్నది	*Aame odipo**thuu** unnadhi*
They have been losing	వాళ్ళు ఓడిపోతూ ఉన్నారు	*Vaallu odipo**thuu** unnaaru*

Present Participle
(While) losing   ఓడిపోతూ   *Odipo**thuu***

Past Participle
(Can) lose   ఓడిపోగల   *Odipo**gala***

Negative Participle
(Cannot) lose   ఓడిపోలేని   *Odipo**leni***

Imperative
Lose!   ఓడిపో!   *Odipo!*

Negative Imperative
Do not lose!   ఓడిపోకు!   *Odipo**ku**!*

Gerund
(The act of) losing   ఓడిపోవడం   *Odipo**vadam***

58.

To **love**   ప్రేమించుట   *Preminchuta*

Present Tense

I love   నేను ప్రేమిస్తున్నాను   *Nenu premisthunnaanu*
You love   నువ్వు ప్రేమిస్తున్నావు   *Nuvvu premisthunnaavu*
He loves   అతడు ప్రేమిస్తున్నాడు   *Athadu premisthunnaadu*
She loves   ఆమె ప్రేమిస్తున్నది   *Aame premisthunnadhi*
They love   వాళ్ళు ప్రేమిస్తున్నారు   *Vaallu premisthunnaaru*

Past Tense

I loved   నేను ప్రేమించాను   *Nenu preminchaanu*
You loved   నువ్వు ప్రేమించావు   *Nuvvu preminchaavu*
He loved   అతడు ప్రేమించాడు   *Athadu preminchaadu*
She loved   ఆమె ప్రేమించింది   *Aame preminchindhi*
They loved వాళ్ళు ప్రేమించారు   *Vaallu preminchaaru*

Future Tense

I will love   నేను ప్రేమిస్తాను   *Nenu premisthaanu*
You will love   నువ్వు ప్రేమిస్తావు   *Nuvvu premisthaavu*
He will love   అతడు ప్రేమిస్తాడు   *Athadu premisthaadu*
She will love   ఆమె ప్రేమిస్తుంది   *Aame premisthundhi*
They will love వాళ్ళు ప్రేమిస్తారు   *Vaallu premisthaaru*

Negative

I will not love	నేను ప్రేమించను	*Nenu premi**nchanu***
You will not love	నువ్వు ప్రేమించవు	*Nuvvu premi**nchavu***
He will not love	అతడు ప్రేమించడు	*Athadu premi**nchadu***
She will not love	ఆమె ప్రేమించదు	*Aame premi**nchadhu***
They will not love	వాళ్ళ ప్రేమించరు	*Vaallu premi**ncharu***

Durative

I have been loving	నేను ప్రేమిస్తూ ఉన్నాను	*Nenu premi**sthuu** unnaanu*
You have been loving	నువ్వు ప్రేమిస్తూ ఉన్నావు	*Nuvvu premi**sthuu** unnaavu*
He has been loving	అతడు ప్రేమిస్తూ ఉన్నాడు	*Athadu premi**sthuu** unnaadu*
She has been loving	ఆమె ప్రేమిస్తూ ఉన్నది	*Aame premi**sthuu** unnadhi*
They have been loving	వాళ్ళ ప్రేమిస్తూ ఉన్నారు	*Vaallu premi**sthuu** unnaaru*

Present Participle (While) loving	ప్రేమిస్తూ	*Premi**sthuu***
Past Participle (Can) love	ప్రేమించగల	*Premi**nchagala***
Negative Participle (Cannot) love	ప్రేమించలేని	*Premi**nchaleni***
Imperative Love!	ప్రేమించుము!	*Premi**nchumu**!*
Negative Imperative Do not love!	ప్రేమించకుము!	*Premi**nchakumu**!*
Gerund (The act of) loving	ప్రేమించడం	*Premi**nchadam***

59.

To **meet**	కలువట	*Kaluvuta*

Present Tense

I meet	నేను కలుస్తున్నాను	*Nenu kalu**sthunnaanu***
You meet	నువ్వు కలుస్తున్నావు	*Nuvvu kalu**sthunnaav**u*
He meets	అతడు కలుస్తున్నాడు	*Athadu kalu**sthunnaadu***
She meets	ఆమె కలుస్తున్నది	*Aame kalu**sthunnadhi***
They meet	వాళ్ళు కలుస్తున్నారు	*Vaallu kalu**sthunnaaru***

Past Tense

I met	నేను కలిసాను	*Nenu ka**lisaanu***
You met	నువ్వు కలిసావు	*Nuvvu ka**lisaavu***
He met	అతడు కలిసాడు	*Athadu ka**lisaadu***
She met	ఆమె కలిసింది	*Aame ka**lisindhi***
They met	వాళ్ళు కలిసారు	*Vaallu ka**lisaaru***

Future Tense

I will meet	నేను కలుస్తాను	*Nenu kalu**sthaanu***
You will meet	నువ్వు కలుస్తావు	*Nuvvu kalu**sthaavu***
He will meet	అతడు కలుస్తాడు	*Athadu kalu**sthaadu***
She will meet	ఆమె కలుస్తుంది	*Aame kalu**sthundhi***
They will meet	వాళ్ళు కలుస్తారు	*Vaallu kalu**sthaaru***

Negative

I will not meet	నేను కలవను	*Nenu ka**lavanu***
You will not meet	నువ్వు కలవవు	*Nuvvu ka**lavavu***
He will not meet	అతడు కలవడు	*Athadu ka**lavadu***
She will not meet	ఆమె కలవదు	*Aame ka**lavadhu***
They will not meet	వాళ్ళు కలవరు	*Vaallu ka**lavaru***

Durative

I have been meeting	నేను కలు స్తూ ఉన్నాను	*Nenu kalu**sthuu unnaanu***
You have been meeting	నువ్వు కలు స్తూ ఉన్నావు	*Nuvvu kalu**sthuu unnaavu***
He has been meeting	అతడు కలు స్తూ ఉన్నాడు	*Athadu kalu**sthuu unnaadu***
She has been meeting	ఆమె కలు స్తూ ఉన్నది	*Aame kalu**sthuu unnadhi***
They have been meeting	వాళ్ళు కలు స్తూ ఉన్నారు	*Vaallu kalu**sthuu unnaaru***

Present Participle (While) doing	కలు స్తూ	*Kalu**sthuu***
Past Participle (Can) meet	కలు వగల	*Kalu**vagala***
Negative Participle (Cannot) meet	కలవలేని	*Ka**lavaleni***
Imperative Meet!	కలు వ ము ।	*Kaluvu**mu**!*
Negative Imperative Do not meet!	కలు వకు ము ।	*Kalu**vakumu**!*
Gerund (The act of) meeting	కలవడం	*Ka**lavadam***

60.

| To **need** | అవసరం వచ్చుట | Avasaram vachchuta |

Present Tense

I need	నాకు అవసరం **వస్తున్నది**	*Naaku avasaram **vasthunnadhi***
You need	నీకు అవసరం **వస్తున్నది**	*Neeku avasaram **vasthunnadhi***
He needs	అతనికి అవసరం **వస్తున్నది**	*Athaniki avasaram **vasthunnadhi***
She needs	ఆమెకు అవసరం **వస్తున్నది**	*Aameku avasaram **vasthunnadhi***
They need	వాళ్ళకు అవసరం **వస్తున్నది**	*Vaallaku avasaram **vasthunnadhi***

Past Tense

I needed	నాకు అవసరం **వచ్చింది**	*Naaku avasaram **vachchindhi***
You needed	నీకు అవసరం **వచ్చింది**	*Neeku avasaram **vachchindhi***
He needed	అతనికి అవసరం **వచ్చింది**	*Athaniki avasaram **vachchindhi***
She needed	ఆమెకు అవసరం **వచ్చింది**	*Aameku avasaram **vachchindhi***
They needed	వాళ్ళకు అవసరం **వచ్చింది**	*Vaallaku avasaram **vachchindhi***

Future Tense

I will need	నాకు అవసరం **వస్తుంది**	*Naaku avasaram **vasthundhi***
You will need	నీకు అవసరం **వస్తుంది**	*Neeku avasaram **vasthundhi***
He will need	అతనికి అవసరం **వస్తుంది**	*Athaniki avasaram **vasthundhi***
She will need	ఆమెకు అవసరం **వస్తుంది**	*Aameku avasaram **vasthundhi***
They will need	వాళ్ళకు అవసరం **వస్తుంది**	*Vaallaku avasaram **vasthundhi***

Negative

I will not need	నాకు అవసరం రాదు	*Naaku avasaram raa**dhu***
You will not need	నీకు అవసరం రాదు	*Neeku avasaram raa**dhu***
He will not need	అతనికి అవసరం రాదు	*Athaniki avasaram raa**dhu***
She will not need	ఆమెకు అవసరం రాదు	*Aameku avasaram raa**dhu***
They will not need	వాళ్ళకు అవసరం రాదు	*Vaallaku avasaram raa**dhu***

Durative

I have been needing	నాకు అవసరం వస్తూఉన్నది	*Naaku avasaram **vasthuu unnadhi***
You have been needing	నీకు అవసరం వస్తూఉన్నది	*Neeku avasaram **vasthuu unnadhi***
He has been needing	అతనికి అవసరం వస్తూఉన్నది	*Athaniki avasaram **vasthuu unnadhi***
She has been needing	ఆమెకు అవసరం వస్తూఉన్నది	*Aameku avasaram **vasthuu unnadhi***
They have been needing	వాళ్ళకు అవసరం వస్తూఉన్నది	*Vaallaku avasaram **vasthuu unnadhi***

Present Participle
(While) needing	అవసరం వస్తూ	*Avasaram **vasthuu***

Past Participle
(Can) need	అవసరం రాగల	*Avasaram raa**gala***

Negative Participle
(Cannot) need	అవసరం రాలేని	*Avasaram raa**leni***

Imperative
Need!	అవసరం ఉంది!	*Avasaram **undhi**!*

Negative Imperative
Do not need!	అవసరం లేదు!	*Avasaram **ledhu**!*

Gerund
(The act of) needing	అవసరం రావడం	*Avasaram raa**vadam***

61.

| To **notice** | గమనించుట | *Gamaninchuta* |

Present Tense

I notice	నేను గమనిస్తున్నాను	*Nenu gamanisthunnaanu*
You notice	నువ్వు గమనిస్తున్నావు	*Nuvvu gamanisthunnaavu*
He notices	అతడు గమనిస్తున్నాడు	*Athadu gamanisthunnaadu*
She notices	ఆమె గమనిస్తున్నది	*Aame gamanisthunnadhi*
They notice	వాళ్ళు గమనిస్తున్నారు	*Vaallu gamanisthunnaaru*

Past Tense

I noticed	నేను గమనించాను	*Nenu gamaninchaanu*
You noticed	నువ్వు గమనించావు	*Nuvvu gamaninchaavu*
He noticed	అతడు గమనించాడు	*Athadu gamaninchaadu*
She noticed	ఆమె గమనించింది	*Aame gamaninchindhi*
They noticed	వాళ్ళు గమనించారు	*Vaallu gamaninchaaru*

Future Tense

I will notice	నేను గమనిస్తాను	*Nenu gamanisthaanu*
You will notice	నువ్వు గమనిస్తావు	*Nuvvu gamanisthaavu*
He will notice	అతడు గమనిస్తాడు	*Athadu gamanisthaadu*
She will notice	ఆమె గమనిస్తుంది	*Aame gamanisthundhi*
They will notice	వాళ్ళు గమనిస్తారు	*Vaallu gamanisthaaru*

<u>Negative</u>

I will not notice	నేను గమని ంచను	*Nenu gamanin**chanu***
You will not notice	ను వ్వ గమని ంచవ	*Nuvvu gamanin**chavu***
He will not notice	అతడు గమని ంచడు	*Athadu gamanin**chadu***
She will not notice	ఆమె గమని ంచదు	*Aame gamanin**chadhu***
They will not notice	వా ళ్ళ గమని ంచరు	*Vaallu gamanin**charu***

<u>Durative</u>

I have been noticing	నేను గమనిస్తూఉన్నాను	*Nenu gamani**sthuu unnaanu***
You have been noticing	ను వ్వ గమనిస్తూఉన్నావు	*Nuvvu gamani**sthuu unnaavu***
He has been noticing	అతడు గమనిస్తూఉన్నాడు	*Athadu gamani**sthuu unnaadu***
She has been noticing	ఆమె గమనిస్తూఉన్నది	*Aame gamani**sthuu unnadhi***
They have been noticing	వా ళ్ళ గమనిస్తూఉన్నారు	*Vaallu gamani**sthuu unnaaru***

<u>Present Participle</u> (While) noticing	గమనిస్తూ	*Gamani**sthuu***
<u>Past Participle</u> (Can) notice	గమని ంచగల	*Gamanin**chagala***
<u>Negative Participle</u> (Cannot) notice	గమని ంచలేని	*Gamanin**chaleni***
<u>Imperative</u> Notice!	గమని ంచు ము !	*Gamaninchu**mu**!*
<u>Negative Imperative</u> Do not notice!	గమని ంచకు ము !	*Gamanin**chakumu**!*
<u>Gerund</u> (The act of) noticing	గమని ంచడం	*Gamanin**chadam***

62.

To **open**	**తెరుచుట**	*Theruchuta*

Present Tense

I open	నేను **తెరుస్తున్నాను**	*Nenu theru**sthunnaanu***
You open	నువ్వు తెరు**స్తున్నావు**	*Nuvvu theru**sthunnaavu***
He opens	అతడు తెరు**స్తున్నాడు**	*Athadu theru**sthunnaadu***
She opens	ఆమె తెరు**స్తున్నది**	*Aame theru**sthunnadhi***
They open	వాళ్ళ తెరు**స్తున్నారు**	*Vaallu theru**sthunnaaru***

Past Tense

I opened	నేను తెరిసాను	*Nenu the**risaanu***
You opened	నువ్వ తెరిసావు	*Nuvvu the**risaavu***
He opened	అతడు తెరిసాడు	*Athadu the**risaadu***
She opened	ఆమె తెరిసి ంది	*Aame the**risindhi***
They opened	వాళ్ళ తెరిసారు	*Vaallu the**risaaru***

Future Tense

I will open	నేను తెరు**స్తాను**	*Nenu theru**sthaanu***
You will open	నువ్వ తెరు**స్తావు**	*Nuvvu theru**sthaavu***
He will open	అతడు తెరు**స్తాడు**	*Athadu theru**sthaadu***
She will open	ఆమె తెరు**స్తుంది**	*Aame theru**sthundhi***
They will open	వాళ్ళ తెరు**స్తారు**	*Vaallu theru**sthaaru***

Negative

I will not open	నేను తెరువను	*Nenu theru**vanu***
You will not open	నువ్వు తెరువవు	*Nuvvu theru**vavu***
He will not open	అతడు తెరువడు	*Athadu theru**vadu***
She will not open	ఆమె తెరువదు	*Aame theru**vadhu***
They will not open	వాళ్ళు తెరువరు	*Vaallu theru**varu***

Durative

I have been opening	నేను తెరుస్తూఉన్నాను	*Nenu theru**sthuu unnaanu***
You have been opening	నువ్వు తెరుస్తూఉన్నావు	*Nuvvu theru**sthuu unnaavu***
He has been opening	అతడు తెరుస్తూఉన్నాడు	*Athadu theru**sthuu unnaadu***
She has been opening	ఆమె తెరుస్తూఉన్నది	*Aame theru**sthuu unnadhi***
They have been opening	వాళ్ళు తెరుస్తూఉన్నారు	*Vaallu theru**sthuu unnaaru***

Present Participle (While) opening	తెరుస్తూ	*Theru**sthuu***
Past Participle (Can) open	తెరువగల	*Theru**vagala***
Negative Participle (Cannot) open	తెరువలేని	*Theru**valeni***
Imperative Open!	తెరువుము !	*Theru**vumu**!*
Negative Imperative Do not open!	తెరువకుము !	*Theru**vakumu**!*
Gerund (The act of) opening	తెరువడం	*Theru**vadam***

63.

| To **play** | ఆడుట | *Aaduta* |

Present Tense

I play	నేను ఆడు**తు**న్నాను	*Nenu aadu**thunnaanu***
You play	నువ్వు ఆడు**తు**న్నావు	*Nuvvu aadu**thunnaavu***
He plays	అతడు ఆడు**తు**న్నాడు	*Athadu aadu**thunnaadu***
She plays	ఆమె ఆడు**తు**న్నది	*Aame aadu**thunnadhi***
They play	వాళ్ళు ఆడు**తు**న్నారు	*Vaallu aadu**thunnaaru***

Past Tense

I played	నేను ఆ**డా**ను	*Nenu aa**daanu***
You played	నువ్వు ఆ**డా**వు	*Nuvvu aa**daavu***
He played	అతడు ఆ**డా**డు	*Athadu aa**daadu***
She played	ఆమె ఆ**డి**ంది	*Aame aa**dindhi***
They played	వాళ్ళు ఆ**డా**రు	*Vaallu aa**daaru***

Future Tense

I will play	నేను ఆడు**తా**ను	*Nenu aadu**thaanu***
You will play	నువ్వు ఆడు**తా**వు	*Nuvvu aadu**thaavu***
He will play	అతడు ఆడు**తా**డు	*Athadu aadu**thaadu***
She will play	ఆమె ఆడు**తు**ంది	*Aame aadu**thundhi***
They will play	వాళ్ళు ఆడు**తా**రు	*Vaallu aadu**thaaru***

Negative

I will not play	నేను ఆడను	*Nenu aa**danu***
You will not play	నువ్వు ఆడవు	*Nuvvu aa**davu***
He will not play	అతడు ఆడడు	*Athadu aa**dadu***
She will not play	ఆమె ఆడదు	*Aame aa**dadhu***
They will not play	వాళ్ళు ఆడరు	*Vaallu aa**daru***

Durative

I have been playing	నేను ఆడుతూ ఉన్నాను	*Nenu aadu**thuu unnaanu***
You have been playing	నువ్వు ఆడుతూ ఉన్నావు	*Nuvvu aadu**thuu unnaavu***
He has been playing	అతడు ఆడుతూ ఉన్నాడు	*Athadu aadu**thuu unnaadu***
She has been playing	ఆమె ఆడుతూ ఉన్నది	*Aame aadu**thuu unnadhi***
They have been playing	వాళ్ళు ఆడుతూ ఉన్నారు	*Vaallu aadu**thuu unnaaru***

Present Participle (While) playing	ఆడుతూ	*Aadu**thuu***
Past Participle (Can) play	ఆడగల	*Aa**dagala***
Negative Participle (Cannot) play	ఆడలేని	*Aa**daleni***
Imperative Play!	ఆడుము !	*Aadu**mu**!*
Negative Imperative Do not play!	ఆడకుము !	*Aa**dakumu**!*
Gerund (The act of) playing	ఆడడం	*Aa**dadam***

64.

To **put** పెట్టుట *Pettuta*

Present Tense

I put	నేను పెడుతున్నాను	*Nenu pe**duthunnaanu***
You put	నువ్వు పెడుతున్నావు	*Nuvvu pe**duthunnaavu***
He puts	అతడు పెడుతున్నాడు	*Athadu pe**duthunnaadu***
She puts	ఆమె పెడుతున్నది	*Aame pe**duthunnadhi***
They put	వాళ్ళు పెడుతున్నారు	*Vaallu pe**duthunnaaru***

Past Tense

I put	నేను పెట్టాను	*Nenu pe**ttaanu***
You put	నువ్వు పెట్టావు	*Nuvvu pe**ttaavu***
He put	అతడు పెట్టాడు	*Athadu pe**ttaadu***
She put	ఆమె పెట్టింది	*Aame pe**ttindhi***
They put	వాళ్ళు పెట్టారు	*Vaallu pe**ttaaru***

Future Tense

I will put	నేను పెడుతాను	*Nenu pe**duthaanu***
You will put	నువ్వు పెడుతావు	*Nuvvu pe**duthaavu***
He will put	అతడు పెడుతాడు	*Athadu pe**duthaadu***
She will put	ఆమె పెడుతుంది	*Aame pe**duthundhi***
They will put	వాళ్ళు పెడుతారు	*Vaallu pe**duthaaru***

Negative

I will not put	నేను పెట్టను	*Nenu pe**ttanu***
You will not put	నువ్వు పెట్టవు	*Nuvvu pe**ttavu***
He will not put	అతడు పెట్టడు	*Athadu pe**ttadu***
She will not put	ఆమె పెట్టదు	*Aame pe**ttadhu***
They will not put	వాళ్ళ పెట్టరు	*Vaallu pe**ttaru***

Durative

I have been putting	నేను పెడుతూ ఉన్నాను	*Nenu pe**duthuu** unnaanu*
You have been putting	నువ్వు పెడుతూ ఉన్నావు	*Nuvvu pe**duthuu** unnaavu*
He has been putting	అతడు పెడుతూ ఉన్నాడు	*Athadu pe**duthuu** unnaadu*
She has been putting	ఆమె పెడుతూ ఉన్నది	*Aame pe**duthuu** unnadhi*
They have been putting	వాళ్ళ పెడుతూ ఉన్నారు	*Vaallu pe**duthuu** unnaaru*

Present Participle
(While) putting — పెడుతూ — *Pe**duthuu***

Past Participle
(Can) put — పెట్టగల — *Pe**ttagala***

Negative Participle
(Cannot) put — పెట్టలేని — *Pe**ttaleni***

Imperative
Put! — పెట్టుము ! — *Pe**ttumu**!*

Negative Imperative
Do not put! — పెట్టకుము ! — *Pe**ttakumu**!*

Gerund
(The act of) putting — పెట్టడం — *Pe**ttadam***

65.

To **read**	చదువుట	*Chadhuvuta*

Present Tense

I read	నేను చదువుతున్నాను	*Nenu chadhuvu**thunnaanu***
You read	నువ్వు చదువుతున్నావు	*Nuvvu chadhuvu**thunnaavu***
He reads	అతడు చదువుతున్నాడు	*Athadu chadhuvu**thunnaadu***
She reads	ఆమె చదువుతున్నది	*Aame chadhuvu**thunnadhi***
They read	వాళ్ళు చదువుతున్నారు	*Vaallu chadhuvu**thunnaaru***

Past Tense

I read	నేను చదివాను	*Nenu cha**dhivaanu***
You read	నువ్వు చదివావు	*Nuvvu cha**dhivaavu***
He read	అతడు చదివాడు	*Athadu cha**dhivaadu***
She read	ఆమె చదివింది	*Aame cha**dhivindhi***
They read	వాళ్ళు చదివారు	*Vaallu cha**dhivaaru***

Future Tense

I will read	నేను చదువుతాను	*Nenu chadhuvu**thaanu***
You will read	నువ్వు చదువుతావు	*Nuvvu chadhuvu**thaavu***
He will read	అతడు చదువుతాడు	*Athadu chadhuvu**thaadu***
She will read	ఆమె చదువుతుంది	*Aame chadhuvu**thundhi***
They will read	వాళ్ళు చదువుతారు	*Vaallu chadhuvu**thaaru***

Negative

I will not read	నేను చదవను	*Nenu cha**dhavanu***
You will not read	నువ్వు చదవవు	*Nuvvu cha**dhavavu***
He will not read	అతడు చదవడు	*Athadu cha**dhavadu***
She will not read	ఆమె చదవదు	*Aame cha**dhavadhu***
They will not read	వాళ్ళు చదవరు	*Vaallu cha**dhavaru***

Durative

I have been reading	నేను చదువుతూ ఉన్నాను	*Nenu chadhuvu**thuu unnaanu***
You have been reading	నువ్వు చదువుతూ ఉన్నావు	*Nuvvu chadhuvu**thuu unnaavu***
He has been reading	అతడు చదువుతూ ఉన్నాడు	*Athadu chadhuvu**thuu unnaadu***
She has been reading	ఆమె చదువుతూ ఉన్నది	*Aame chadhuvu**thuu unnadhi***
They have been reading	వాళ్ళు చదువుతూ ఉన్నారు	*Vaallu chadhuvu**thuu unnaaru***

Present Participle

(While) reading	చదువుతూ	*Chadhuvu**thuu***

Past Participle

(Can) read	చదవగల	*Cha**dhavagala***

Negative Participle

(Cannot) read	చదవలేని	*Cha**dhavaleni***

Imperative

Read!	చదువుము !	*Cha**d**huvu**mu**!*

Negative Imperative

Do not read!	చదువకుము !	*Chadhu**vakumu**!*

Gerund

(The act of) reading	చదవడం	*Cha**dhavadam***

66.

| To **receive** | స్వీకరించుట | *Sveekarinchuta* |

Present Tense

I receive	నేను స్వీకరిస్తున్నాను	*Nenu sveekaris**thunnaanu***
You receive	నువ్వు స్వీకరిస్తున్నావు	*Nuvvu sveekaris**thunnaavu***
He receives	అతడు స్వీకరిస్తున్నాడు	*Athadu sveekaris**thunnaadu***
She receives	ఆమె స్వీకరిస్తున్నది	*Aame sveekaris**thunnadhi***
They receive	వాళ్ళు స్వీకరిస్తున్నారు	*Vaallu sveekaris**thunnaaru***

Past Tense

I received	నేను స్వీకరించాను	*Nenu sveekarin**chaanu***
You received	నువ్వు స్వీకరించావు	*Nuvvu sveekarin**chaavu***
He received	అతడు స్వీకరించాడు	*Athadu sveekarin**chaadu***
She received	ఆమె స్వీకరించింది	*Aame sveekarin**chindhi***
They received	వాళ్ళు స్వీకరించారు	*Vaallu sveekarin**chaaru***

Future Tense

I will receive	నేను స్వీకరిస్తాను	*Nenu sveekaris**thaanu***
You will receive	నువ్వు స్వీకరిస్తావు	*Nuvvu sveekaris**thaavu***
He will receive	అతడు స్వీకరిస్తాడు	*Athadu sveekaris**thaadu***
She will receive	ఆమె స్వీకరిస్తుంది	*Aame sveekaris**thundhi***
They will receive	వాళ్ళు స్వీకరిస్తారు	*Vaallu sveekaris**thaaru***

<u>Negative</u>

I will not receive	నేను స్వీకరి ంచను	*Nenu sveekarin**chanu***
You will not receive	నువ్వు స్వీకరి ంచవు	*Nuvvu sveekarin**chavu***
He will not receive	అతడు స్వీకరి ంచడు	*Athadu sveekarin**chadu***
She will not receive	ఆమె స్వీకరి ంచదు	*Aame sveekarin**chadhu***
They will not receive	వాళ్ళు స్వీకరి ంచరు	*Vaallu sveekarin**charu***

<u>Durative</u>

I have been receiving	నేను స్వీకరిస్తూ ఉన్నాను	*Nenu sveekari**sthuu unnaanu***
You have been receiving	నువ్వు స్వీకరిస్తూ ఉన్నావు	*Nuvvu sveekari**sthuu unnaavu***
He has been receiving	అతడు స్వీకరిస్తూ ఉన్నాడు	*Athadu sveekari**sthuu unnaadu***
She has been receiving	ఆమె స్వీకరిస్తూ ఉన్నది	*Aame sveekari**sthuu unnadhi***
They have been receiving	వాళ్ళు స్వీకరిస్తూ ఉన్నారు	*Vaallu sveekari**sthuu unnaaru***

<u>Present Participle</u>
(While) receiving — స్వీకరిస్తూ — *Sveekari**sthuu***

<u>Past Participle</u>
(Can) receive — స్వీకరి ంచగల — *Sveekarin**chagala***

<u>Negative Participle</u>
(Cannot) receive — స్వీకరి ంచలేని — *Sveekarin**chaleni***

<u>Imperative</u>
Receive! — స్వీకరి ంచు ము ! — *Sveekarinchu**mu**!*

<u>Negative Imperative</u>
Do not receive! — స్వీకరి ంచకు ము ! — *Sveekarin**chakumu**!*

<u>Gerund</u>
(The act of) receiving — స్వీకరి ంచడం — *Sveekarin**chadam***

67.

| To **reject** | తిరస్కరించుట | *Thiraskarinchuta* |

Present Tense

I reject	నేను తిరస్కరిస్తున్నాను	*Nenu thiraskaristhunnaanu*
You reject	నువ్వు తిరస్కరిస్తున్నావు	*Nuvvu thiraskaristhunnaavu*
He rejects	అతడు తిరస్కరిస్తున్నాడు	*Athadu thiraskaristhunnaadu*
She rejects	ఆమె తిరస్కరిస్తున్నది	*Aame thiraskaristhunnadhi*
They reject	వాళ్ళు తిరస్కరిస్తున్నారు	*Vaallu thiraskaristhunnaaru*

Past Tense

I rejected	నేను తిరస్కరించాను	*Nenu thiraskarinchaanu*
You rejected	నువ్వు తిరస్కరించావు	*Nuvvu thiraskarinchaavu*
He rejected	అతడు తిరస్కరించాడు	*Athadu thiraskarinchaadu*
She rejected	ఆమె తిరస్కరించింది	*Aame thiraskarinchindhi*
They rejected	వాళ్ళు తిరస్కరించారు	*Vaallu thirasekarinchaaru*

Future Tense

I will reject	నేను తిరస్కరిస్తాను	*Nenu thiraskaristhaanu*
You will reject	నువ్వు తిరస్కరిస్తావు	*Nuvvu thiraskaristhaavu*
He will reject	అతడు తిరస్కరిస్తాడు	*Athadu thiraskaristhaadu*
She will reject	ఆమె తిరస్కరిస్తుంది	*Aame thiraskaristhundhi*
They will reject	వాళ్ళు తిరస్కరిస్తారు	*Vaallu thiraskaristhaaru*

Negative

I will not reject	నేను తిరస్కరించను	*Nenu thiraskarinchanu*
You will not reject	నువ్వు తిరస్కరించవు	*Nuvvu thiraskarinchavu*
He will not reject	అతడు తిరస్కరించడు	*Athadu thiraskarinchadu*
She will not reject	ఆమె తిరస్కరించదు	*Aame thiraskarinchadhu*
They will not reject	వాళ్ళు తిరస్కరించరు	*Vaallu thiraskarincharu*

Durative

I have been rejecting	నేను తిరస్కరిస్తూ ఉన్నాను	*Nenu thiraskaristhuu unnaanu*
You have been rejecting	నువ్వు తిరస్కరిస్తూ ఉన్నావు	*Nuvvu thiraskaristhuu unnaavu*
He has been rejecting	అతడు తిరస్కరిస్తూ ఉన్నాడు	*Athadu thiraskaristhuu unnaadu*
She has been rejecting	ఆమె తిరస్కరిస్తూ ఉన్నది	*Aame thiraskaristhuu unnadhi*
They have been rejecting	వాళ్ళు తిరస్కరిస్తూ ఉన్నారు	*Vaallu thiraskaristhuu unnaaru*

Present Participle
(While) rejecting — తిరస్కరిస్తూ — *Thiraskaristhuu*

Past Participle
(Can) reject — తిరస్కరించగల — *Thiraskarinchagala*

Negative Participle
(Cannot) reject — తిరస్కరించలేని — *Thiraskarinchaleni*

Imperative
Reject! — తిరస్కరించుము! — *Thiraskarinchumu!*

Negative Imperative
Do not reject! — తిరస్కరించకుము! — *Thiraskarinchakumu!*

Gerund
(The act of) rejecting — తిరస్కరించడం — *Thiraskarinchadam*

68.

To remember　　గుర్తుంచుకొనుట　　*Gurthunchukonuta*

Present Tense

I remember	నేను గుర్తుంచుకుంటున్నాను	*Nenu gurthunchukuntunnaanu*
You remember	నువ్వు గుర్తుంచుకుంటున్నావు	*Nuvvu gurthunchukuntunnaavu*
He remembers	అతడు గుర్తుంచుకుంటున్నాడు	*Athadu gurthunchukuntunnaadu*
She remembers	ఆమె గుర్తుంచుకుంటున్నది	*Aame gurthunchukuntunnadhi*
They remember	వాళ్ళు గుర్తుంచుకుంటున్నారు	*Vaallu gurthunchukuntunnaaru*

Past Tense

I remembered	నేను గుర్తుంచుకున్నాను	*Nenu gurthunchukunnaanu*
You remembered	నువ్వు గుర్తుంచుకున్నావు	*Nuvvu gurthunchukunnaavu*
He remembered	అతడు గుర్తుంచుకున్నాడు	*Athadu gurthunchukunnaadu*
She remembered	ఆమె గుర్తుంచుకున్నది	*Aame gurthunchukunnadhi*
They remembered	వాళ్ళు గుర్తుంచుకున్నారు	*Vaallu gurthunchrukunnaaru*

Future Tense

I will remember	నేను గుర్తుంచుకుంటాను	*Nenu gurthunchukuntaanu*
You will remember	నువ్వు గుర్తుంచుకుంటావు	*Nuvvu gurthunchukuntaavu*
He will remember	అతడు గుర్తుంచుకుంటాడు	*Athadu gurthunchukuntaadu*
She will remember	ఆమె గుర్తుంచుకుంటుంది	*Aame gurthunchukuntundhi*
They will remember	వాళ్ళు గుర్తుంచుకుంటారు	*Vaallu gurthunchukuntaaru*

<u>Negative</u>

I will not remember	నేను గుర్తుంచుకోను	*Nenu gurthunchu**konu***
You will not remember	నువ్వు గుర్తుంచుకోవు	*Nuvvu gurthunchu**kovu***
He will not remember	అతడు గుర్తుంచుకోడు	*Athadu gurthunchu**kodu***
She will not remember	ఆమె గుర్తుంచుకోదు	*Aame gurthunchu**kodhu***
They will not remember	వాళ్ళ గుర్తుంచుకోరు	*Vaallu gurthunchu**koru***

<u>Durative</u>

I have been remembering	నేను గుర్తుంచుకుంటూ ఉన్నాను	*Nenu gurthunchu**kuntuu unnaanu***
You have been remembering	నువ్వు గుర్తుంచుకుంటూ ఉన్నావు	*Nuvvu gurthunchu**kuntu uunnaavu***
He has been remembering	అతడు గుర్తుంచుకుంటూ ఉన్నాడు	*Athadu gurthunchu**kuntuu unnaadu***
She has been remembering	ఆమె గుర్తుంచుకుంటూ ఉన్నది	*Aame gurthunchu**kuntuu unnadhi***
They have been remembering	వాళ్ళ గుర్తుంచుకుంటూ ఉన్నారు	*Vaallu gurthunchu**kuntuu unnaaru***

<u>Present Participle</u>
(While) remembering — గుర్తుంచుకుంటూ — *Gurthunchu**kuntuu***

<u>Past Participle</u>
(Can) remember — **గుర్తుంచుకోగల** — *Gurthun**chukogala***

<u>Negative Participle</u>
(Cannot) remember — **గుర్తుంచుకోలేని** — *Gurthun**chukoleni***

<u>Imperative</u>
Remember! — గుర్తుంచుకో! — *Gurthunchu**ko**!*

<u>Negative Imperative</u>
Do not remember! — గుర్తుంచుకోకు! — *Gurthunchu**koku**!*

<u>Gerund</u>
(The act of) remembering — గుర్తుంచడం — *Gurthun**chadam***

69.

| To **repeat** | మళ్ళీచెప్పుట | *Mallee chepputa* |

Present Tense

I repeat	నేను మళ్ళీచెబుతున్నాను	*Nenu mallee chebuthunnaanu*
You repeat	నువ్వు మళ్ళీచెబుతున్నావు	*Nuvvu mallee chebuthunnaavu*
He repeats	అతడు మళ్ళీచెబుతున్నాడు	*Athadu mallee chebuthunnaadu*
She repeats	ఆమె మళ్ళీచెబుతున్నది	*Aame mallee chebuthunnadhi*
They repeat	వాళ్ళు మళ్ళీచెబుతున్నారు	*Vaallu mallee chebuthunnaaru*

Past Tense

I repeated	నేను మళ్ళీచెప్పాను	*Nenu mallee cheppaanu*
You repeated	నువ్వు మళ్ళీచెప్పావు	*Nuvvu mallee cheppaavu*
He repeated	అతడు మళ్ళీచెప్పాడు	*Athadu mallee cheppaadu*
She repeated	ఆమె మళ్ళీచెప్పింది	*Aame mallee cheppindhi*
They repeated	వాళ్ళు మళ్ళీచెప్పారు	*Vaallu mallee cheppaaru*

Future Tense

I will repeat	నేను మళ్ళీచెబుతాను	*Nenu mallee chebuthaanu*
You will repeat	నువ్వు మళ్ళీచెబుతావు	*Nuvvu mallee chebuthaavu*
He will repeat	అతడు మళ్ళీచెబుతాడు	*Athadu mallee chebuthaadu*
She will repeat	ఆమె మళ్ళీచెబుతుంది	*Aame mallee chebuthundhi*
They will repeat	వాళ్ళు మళ్ళీచెబుతారు	*Vaallu mallee chebuthaaru*

Negative

I will not repeat	నేను మళ్లీచెప్పను	*Nenu mallee che**ppanu***
You will not repeat	నువ్వు మళ్లీచెప్పవు	*Nuvvu mallee che**ppavu***
He will not repeat	అతడు మళ్లీచెప్పడు	*Athadu mallee che**ppadu***
She will not repeat	ఆమె మళ్లీచెప్పదు	*Aame mallee che**ppadhu***
They will not repeat	వాళ్ళ మళ్లీచెప్పరు	*Vaallu mallee che**pparu***

Durative

I have been repeating	నేను మళ్లీచెబు తూ ఉన్నాను	*Nenu mallee che**buthuu unnaanu***
You have been repeating	నువ్వు మళ్లీచెబు తూ ఉన్నావు	*Nuvvu mallee che**buthuu unnaavu***
He has been repeating	అతడు మళ్లీచెబు తూ ఉన్నాడు	*Athadu mallee che**buthuu unnaadu***
She has been repeating	ఆమె మళ్లీచెబు తూ ఉన్నది	*Aame mallee che**buthuu unnadhi***
They have been repeating	వాళ్ళ మళ్లీచెబు తూ ఉన్నారు	*Vaallu mallee che**buthuu unnaaru***

Present Participle (While) repeating	మళ్లీచెబు తూ	*Mallee che**buthuu***
Past Participle (Can) repeat	మళ్లీచెప్పగల	*Mallee che**ppagala***
Negative Participle (Cannot) repeat	మళ్లీచెప్పలేని	*Mallee che**ppaleni***
Imperative Repeat!	మళ్లీచెప్పుము !	*Mallee cheppu**mu**!*
Negative Imperative Do not repeat!	మళ్లీచెప్పకు ము !	*Mallee che**ppakumu**!*
Gerund (The act of) repeating	మళ్లీచెప్పడం	*Mallee che**ppadam***

70.

| To **return** | తిరిగి వచ్చుట | *Thirigi vachchuta* |

Present Tense

I return	నేను తిరిగి వస్తున్నాను	*Nenu thirigi vasthunnaanu*
You return	నువ్వు తిరిగి వస్తున్నావు	*Nuvvu thirigi vasthunnaavu*
He returns	అతడు తిరిగి వస్తున్నాడు	*Athadu thirigi vasthunnaadu*
She returns	ఆమె తిరిగి వస్తున్నది	*Aame thirigi vasthunnadhi*
They return	వాళ్ళు తిరిగి వస్తున్నారు	*Vaallu thirigi vasthunnaaru*

Past Tense

I returned	నేను తిరిగి వచ్చాను	*Nenu thirigi vachchaanu*
You returned	నువ్వు తిరిగి వచ్చావు	*Nuvvu thirigi vachchaavu*
He returned	అతడు తిరిగి వచ్చాడు	*Athadu thirigi vachchaadu*
She returned	ఆమె తిరిగి వచ్చింది	*Aame thirigi vachchindhi*
They returned	వాళ్ళు తిరిగి వచ్చారు	*Vaallu thirigi vachchaaru*

Future Tense

I will return	నేను తిరిగి వస్తాను	*Nenu thirigi vasthaanu*
You will return	నువ్వు తిరిగి వస్తావు	*Nuvvu thirigi vasthaavu*
He will return	అతడు తిరిగి వస్తాడు	*Athadu thirigi vasthaadu*
She will return	ఆమె తిరిగి వస్తుంది	*Aame thirigi vasthundhi*
They will return	వాళ్ళు తిరిగి వస్తారు	*Vaallu thirigi vasthaaru*

Negative

I will not return	నేను తిరిగి రాను	*Nenu thirigi **raanu***
You will not return	నువ్వు తిరిగి రావు	*Nuvvu thirigi **raavu***
He will not return	అతడు తిరిగి రాడు	*Athadu thirigi **raadu***
She will not return	ఆమె తిరిగి రాదు	*Aame thirigi **raadhu***
They will not return	వాళ్ళ తిరిగి రారు	*Vaallu thirigi **raaru***

Durative

I have been returning	నేను తిరిగి వస్తూ ఉన్నాను	*Nenu thirigi va**sthuu unnaanu***
You have been returning	నువ్వు తిరిగి వస్తూ ఉన్నావు	*Nuvvu thirigi va**sthuu unnaavu***
He has been returning	అతడు తిరిగి వస్తూ ఉన్నాడు	*Athadu thirigi va**sthuu unnaadu***
She has been returning	ఆమె తిరిగి వస్తూ ఉన్నది	*Aame thirigi va**sthuu unnadhi***
They have been returning	వాళ్ళ తిరిగి వస్తూ ఉన్నారు	*Vaallu thirigi va**sthuu unnaaru***

Present Participle

(While) returning	తిరిగి వస్తూ	*Thirigi va**sthuu***

Past Participle

(Can) return	తిరిగి రాగల	*Thirigi **raagala***

Negative Participle

(Cannot) return	తిరిగి రాలేని	*Thirigi **raaleni***

Imperative

Return!	తిరిగి రమ్ము	*Thirigi **rammu**!*

Negative Imperative

Do not return!	తిరిగి రాకుము।	*Thirigi **raakumu**!*

Gerund

(The act of) returning	తిరిగి రావడం	*Thirigi **raavadam***

71.

To **run**	పరిగెత్తుట	*Parigeththuta*

Present Tense

I run	నేను పరిగెత్తుతు న్నాను	*Nenu parigeththu**thunnaanu***
You run	ను వ్వ పరిగెత్తుతు న్నావు	*Nuvvu parigeththu**thunnaavu***
He runs	అతడు పరిగెత్తుతు న్నాడు	*Athadu parigeththu**thunnaadu***
She runs	ఆమె పరిగెత్తుతు న్నది	*Aame parigeththu**thunnadhi***
They run	వాళ్ళ పరిగెత్తుతు న్నారు	*Vaallu parigeththu**thunnaaru***

Past Tense

I ran	నేను పరిగెత్తాను	*Nenu parige**ththaanu***
You ran	ను వ్వ పరిగెత్తావు	*Nuvvu parige**ththaavu***
He ran	అతడు పరిగెత్తాడు	*Athadu parige**ththaadu***
She ran	ఆమె పరిగెత్తింది	*Aame parige**ththindhi***
They ran	వాళ్ళ పరిగెత్తారు	*Vaallu parige**ththaaru***

Future Tense

I will run	నేను పరిగెత్తుతాను	*Nenu parigeththu**thaanu***
You will run	ను వ్వ పరిగెత్తుతావు	*Nuvvu parigeththu**thaavu***
He will run	అతడు పరిగెత్తుతాడు	*Athadu parigeththu**thaadu***
She will run	ఆమె పరిగెత్తుతు ంది	*Aame parigeththu**thundhi***
They will run	వాళ్ళ పరిగెత్తుతారు	*Vaallu parigeththu**thaaru***

Negative

I will not run	నేను పరిగెత్తను	*Nenu parige**ththanu***
You will not run	నువ్వు పరిగెత్తవు	*Nuvvu parige**ththavu***
He will not run	అతడు పరిగెత్తడు	*Athadu parige**ththadu***
She will not run	ఆమె పరిగెత్తదు	*Aame parige**ththadhu***
They will not run	వాళ్ళు పరిగెత్తరు	*Vaallu parige**ththaru***

Durative

I have been running	నేను పరిగెత్తుతూ ఉన్నాను	*Nenu parigeththu**thuu unnaanu***
You have been running	నువ్వు పరిగెత్తుతూ ఉన్నావు	*Nuvvu parigeththu**thuu unnaavu***
He has been running	అతడు పరిగెత్తుతూ ఉన్నాడు	*Athadu parigeththu**thuu unnaadu***
She has been running	ఆమె పరిగెత్తుతూ ఉన్నది	*Aame parigeththu**thuu unnadhi***
They have been running	వాళ్ళు పరిగెత్తుతూ ఉన్నారు	*Vaallu parigeththu**thuu unnaaru***

Present Participle (While) running	పరిగెత్తుతూ	*Parigeththu**thuu***
Past Participle (Can) run	పరిగెత్తగల	*Parige**ththagala***
Negative Participle (Cannot) run	పరిగెత్తలేని	*Parige**ththaleni***
Imperative Run!	పరిగెత్తుము !	*Parige**ththumu**!*
Negative Imperative Do not run!	పరిగెత్తకుము !	*Parige**ththakumu**!*
Gerund (The act of) running	పరిగెత్తడం	*Parige**ththadam***

72.

To **say**	చెప్పుట	*Chepputa*

Present Tense

I say	నేను చెబు తు న్నాను	*Nenu che**buthunnaanu***
You say	నువ్వు చెబు తు న్నావు	*Nuvvu che**buthunnaavu***
He says	అతడు చెబు తు న్నాడు	*Athadu che**buthunnaadu***
She says	ఆమె చెబు తు న్నది	*Aame che**buthunnadhi***
They say	వాళ్ళ చెబు తు న్నారు	*Vaallu che**buthunnaaru***

Past Tense

I said	నేను చెప్పాను	*Nenu che**ppaanu***
You said	నువ్వు చెప్పావు	*Nuvvu che**ppaavu***
He said	అతడు చెప్పాడు	*Athadu che**ppaadu***
She said	ఆమె చెప్పింది	*Aame che**ppindhi***
They said	వాళ్ళ చెప్పారు	*Vaallu che**ppaaru***

Future Tense

I will say	నేను చెబు తాను	*Nenu che**buthaanu***
You will say	నువ్వు చెబు తావు	*Nuvvu che**buthaavu***
He will say	అతడు చెబు తాడు	*Athadu che**buthaadu***
She will say	ఆమె చెబు తు ంది	*Aame che**buthundhi***
They will say	వాళ్ళ చెబు తారు	*Vaallu che**buthaaru***

<u>Negative</u>

I will not say	నేను చెప్పను	*Nenu che**ppanu***
You will not say	ను వ్వు చెప్పవు	*Nuvvu che**ppavu***
He will not say	అతడు చెప్పడు	*Athadu che**ppadu***
She will not say	ఆమె చెప్పదు	*Aame che**ppadhu***
They will not say	వాళ్ళ చెప్పరు	*Vaallu che**pparu***

<u>Durative</u>

I have been saying	నేను చెబు తూ ఉన్నాను	*Nenu che**buthuu unnaanu***
You have been saying	ను వ్వు చెబు తూ ఉన్నావు	*Nuvvu che**buthuu unnaavu***
He has been saying	అతడు చెబు తూ ఉన్నాడు	*Athadu che**buthuu unnaadu***
She has been saying	ఆమె చెబు తూ ఉన్నది	*Aame che**buthuu unnadhi***
They have been saying	వాళ్ళ చెబు తూ ఉన్నారు	*Vaallu che**buthuu unnaaru***

<u>Present Participle</u> (While) saying	చెబు తూ	*Che**buthuu***
<u>Past Participle</u> (Can) say	చెప్పగల	*Che**ppagala***
<u>Negative Participle</u> (Cannot) say	చెప్పలేని	*Che**ppaleni***
<u>Imperative</u> Say!	చెప్పుము !	*Cheppu**mu**!*
<u>Negative Imperative</u> Do not say!	చెప్పకు మ !	*Che**ppakumu**!*
<u>Gerund</u> (The act of) saying	చెప్పడం	*Che**ppadam***

73.

| To **scream** | కేక వేయుట | *Keka veyuta* |

Present Tense

I scream	నేను కేక వేస్తున్నాను	*Nenu keka vesthunnaanu*
You scream	నువ్వు కేక వేస్తున్నావు	*Nuvvu keka vesthunnaavu*
He screams	అతడు కేక వేస్తున్నాడు	*Athadu keka vesthunnaadu*
She screams	ఆమె కేక వేస్తున్నది	*Aame keka vesthunnadhi*
They scream	వాళ్ళు కేక వేస్తున్నారు	*Vaallu keka vesthunnaaru*

Past Tense

I screamed	నేను కేక వేసాను	*Nenu keka vesaanu*
You screamed	నువ్వు కేక వేసావు	*Nuvvu keka vesaavu*
He screamed	అతడు కేక వేసాడు	*Athadu keka vesaadu*
She screamed	ఆమె కేక వేసింది	*Aame keka vesindhi*
They screamed	వాళ్ళు కేక వేసారు	*Vaallu keka vesaaru*

Future Tense

I will scream	నేను కేక వేస్తాను	*Nenu keka vesthaanu*
You will scream	నువ్వు కేక వేస్తావు	*Nuvvu keka vesthaavu*
He will scream	అతడు కేక వేస్తాడు	*Athadu keka vesthaadu*
She will scream	ఆమె కేక వేస్తుంది	*Aame keka vesthundhi*
They will scream	వాళ్ళు కేక వేస్తారు	*Vaallu keka vesthaaru*

<u>Negative</u>

I will not scream	నేను కేక వేయను	*Nenu keka ve**yanu***
You will not scream	నువ్వు కేక వేయవు	*Nuvvu keka ve**yavu***
He will not scream	అతడు కేక వేయడు	*Athadu keka ve**yadu***
She will not scream	ఆమె కేక వేయదు	*Aame keka ve**yadhu***
They will not scream	వాళ్ళ కేక వేయరు	*Vaallu keka ve**yaru***

<u>Durative</u>

I have been screaming	నేను కేక వేస్తూఉన్నాను	*Nenu keka ve**sthuu unnaanu***
You have been screaming	నువ్వు కేక వేస్తూఉన్నావు	*Nuvvu keka ve**sthuu unnaavu***
He has been screaming	అతడు కేక వేస్తూఉన్నాడు	*Athadu keka ve**sthuu unnaadu***
She has been screaming	ఆమె కేక వేస్తూఉన్నది	*Aame keka ve**sthuu unnadhi***
They have been screaming	వాళ్ళ కేక వేస్తూఉన్నారు	*Vaallu keka ve**sthuu unnaaru***

<u>Present Participle</u>
(While) screaming — కేక వేస్తూ — *Keka ve**sthuu***

<u>Past Participle</u>
(Can) scream — కేక వేయగల — *Keka ve**yagala***

<u>Negative Participle</u>
(Cannot) scream — కేక వేయలేని — *Keka ve**yaleni***

<u>Imperative</u>
Scream! — కేక వేయు ము ! — *Keka veyu**mu**!*

<u>Negative Imperative</u>
Do not scream! — కేక వేయకు ము ! — *Keka ve**yakumu**!*

<u>Gerund</u>
(The act of) screaming — కేక వేయడం — *Keka ve**yadam***

74.

To **see**	చూచుట	*Choochuta*

Present Tense

I see	నేను చూస్తున్నాను	*Nenu choo**sthunnaanu***
You see	నువ్వు చూస్తున్నావు	*Nuvvu choo**sthunnaavu***
He sees	అతడు చూస్తున్నాడు	*Athadu choo**sthunnaadu***
She sees	ఆమె చూస్తున్నది	*Aame choo**sthunnadhi***
They see	వాళ్ళు చూస్తున్నారు	*Vaallu choo**sthunnaaru***

Past Tense

I saw	నేను చూసాను	*Nenu choo**saanu***
You saw	నువ్వు చూసావు	*Nuvvu choo**saavu***
He saw	అతడు చూసాడు	*Athadu choo**saadu***
She saw	ఆమె చూసింది	*Aame choo**sindhi***
They saw	వాళ్ళు చూసారు	*Vaallu choo**saaru***

Future Tense

I will see	నేను చూస్తాను	*Nenu choo**sthaanu***
You will see	నువ్వు చూస్తావు	*Nuvvu choo**sthaavu***
He will see	అతడు చూస్తాడు	*Athadu choo**sthaadu***
She will see	ఆమె చూస్తుంది	*Aame choo**sthundhi***
They will see	వాళ్ళు చూస్తారు	*Vaallu choo**sthaaru***

Negative

I will not see	నేను చూడను	*Nenu choo**danu***
You will not see	నువ్వు చూడవు	*Nuvvu choo**davu***
He will not see	అతడు చూడడు	*Athadu choo**dadu***
She will not see	ఆమె చూడదు	*Aame choo**dadhu***
They will not see	వాళ్ళ చూడరు	*Vaallu choo**daru***

Durative

I have been seeing	నేను చూస్తూఉన్నాను	*Nenu choo**sthuu unnaanu***
You have been seeing	నువ్వు చూస్తూఉన్నావు	*Nuvvu choo**sthuu unnaavu***
He has been seeing	అతడు చూస్తూఉన్నాడు	*Athadu choo**sthuu unnaadu***
She has been seeing	ఆమె చూస్తూఉన్నది	*Aame choo**sthuu unnadhi***
They have been seeing	వాళ్ళ చూస్తూఉన్నారు	*Vaallu choo**sthuu unnaaru***

Present Participle

(While) seeing	చూస్తూ	*Choo**sthuu***

Past Participle

(Can) see	చూడగల	*Choo**dagala***

Negative Participle

(Cannot) see	చూడలేని	*Choo**daleni***

Imperative

See!	చూడుము !	*Choo**dumu**!*

Negative Imperative

Do not see!	చూడకుము !	*Choo**dakumu**!*

Gerund

(The act of) seeing	చూడడం	*Choo**dadam***

75.

| To **seem** | అనిపించుట | *Anipinchuta* |

Present Tense

I seem	నేను అనిపిస్తున్నాను	*Nenu anipisthunnaanu*
You seem	నువ్వు అనిపిస్తున్నావు	*Nuvvu anipisthunnaavu*
He seems	అతడు అనిపిస్తున్నాడు	*Athadu anipisthunnaadu*
She seems	ఆమె అనిపిస్తున్నది	*Aame anipisthunnadhi*
They seem	వాళ్ళు అనిపిస్తున్నారు	*Vaallu anipisthunnaaru*

Past Tense

I seemed	నేను అనిపించాను	*Nenu anipinchaanu*
You seemed	నువ్వు అనిపించావు	*Nuvvu anipinchaavu*
He seemed	అతడు అనిపించాడు	*Athadu anipinchaadu*
She seemed	ఆమె అనిపించింది	*Aame anipinchindhi*
They seemed	వాళ్ళు అనిపించారు	*Vaallu anipinchaaru*

Future Tense

I will seem	నేను అనిపిస్తాను	*Nenu anipisthaanu*
You will seem	నువ్వు అనిపిస్తావు	*Nuvvu anipisthaavu*
He will seem	అతడు అనిపిస్తాడు	*Athadu anipisthaadu*
She will seem	ఆమె అనిపిస్తుంది	*Aame anipisthundhi*
They will seem	వాళ్ళు అనిపిస్తారు	*Vaallu anipisthaaru*

Negative

I will not seem	నేను అనిపించను	*Nenu anipin**chanu***
You will not seem	నువ్వు అనిపించవు	*Nuvvu anipin**chavu***
He will not seem	అతడు అనిపించడు	*Athadu anipin**chadu***
She will not seem	ఆమె అనిపించదు	*Aame anipin**chadhu***
They will not seem	వాళ్ళు అనిపించరు	*Vaallu anipin**charu***

Durative

I have been seeming	నేను అనిపిస్తూ ఉన్నాను	*Nenu anipi**sthuu** unnaanu*
You have been seeming	నువ్వు అనిపిస్తూ ఉన్నావు	*Nuvvu anipi**sthuu** unnaavu*
He has been seeming	అతడు అనిపిస్తూ ఉన్నాడు	*Athadu anipi**sthuu** unnaadu*
She has been seeming	ఆమె అనిపిస్తూ ఉన్నది	*Aame anipi**sthuu** unnadhi*
They have been seeming	వాళ్ళు అనిపిస్తూ ఉన్నారు	*Vaallu anipi**sthuu** unnaaru*

Present Participle (While) seeming	అనిపిస్తూ	*Anipi**sthuu***
Past Participle (Can) seem	అనిపించగల	*Anipin**chagala***
Negative Participle (Cannot) seem	అనిపించలేని	*Anipin**chaleni***
Imperative Seem!	అనిపించుము!	*Anipin**chumu**!*
Negative Imperative Do not seem!	అనిపించకుము!	*Anipin**chakumu**!*
Gerund (The act of) seeming	అనిపించడం	*Anipin**chadam***

76.

| To **sell** | అమ్ముట | Ammuta |

Present Tense

I sell	నేను అమ్ముతున్నాను	Nenu ammu**thunnaanu**
You sell	నువ్వు అమ్ముతున్నావు	Nuvvu ammu**thunnaavu**
He sells	అతడు అమ్ముతున్నాడు	Athadu ammu**thunnaadu**
She sells	ఆమె అమ్ముతున్నది	Aame ammu**thunnadhi**
They sell	వాళ్ళు అమ్ముతున్నారు	Vaallu ammu**thunnaaru**

Past Tense

I sold	నేను అమ్మాను	Nenu a**mmaanu**
You sold	నువ్వు అమ్మావు	Nuvvu a**mmaavu**
He sold	అతడు అమ్మాడు	Athadu a**mmaadu**
She sold	ఆమె అమ్మింది	Aame a**mmindhi**
They sold	వాళ్ళు అమ్మారు	Vaallu a**mmaaru**

Future Tense

I will sell	నేను అమ్ముతాను	Nenu ammu**thaanu**
You will sell	నువ్వు అమ్ముతావు	Nuvvu ammu**thaavu**
He will sell	అతడు అమ్ముతాడు	Athadu ammu**thaadu**
She will sell	ఆమె అమ్ముతుంది	Aame ammu**thundhi**
They will sell	వాళ్ళు అమ్ముతారు	Vaallu ammu**thaaru**

Negative

I will not sell	నేను అమ్మను	*Nenu **ammanu***
You will not sell	నువ్వు అమ్మవు	*Nuvvu **ammavu***
He will not sell	అతడు అమ్మడు	*Athadu **ammadu***
She will not sell	ఆమె అమ్మదు	*Aame **ammadhu***
They will not sell	వాళ్ళ అమ్మరు	*Vaallu **ammaru***

Durative

I have been selling	నేను అమ్ముతూ ఉన్నాను	*Nenu ammu**thuu unnaanu***
You have been selling	నువ్వు అమ్ముతూ ఉన్నావు	*Nuvvu ammu**thuu unnaavu***
He has been selling	అతడు అమ్ముతూ ఉన్నాడు	*Athadu ammu**thuu unnaadu***
She has been selling	ఆమె అమ్ముతూ ఉన్నది	*Aame ammu**thuu unnadhi***
They have been selling	వాళ్ళ అమ్ముతూ ఉంటారు	*Vaallu ammu**thuu unnaaru***

Present Participle (While) selling	అమ్ముతూ	*Ammu**thuu***
Past Participle (Can) sell	అమ్మగల	***Ammagala***
Negative Participle (Cannot) sell	అమ్మలేని	***Ammaleni***
Imperative Sell!	అమ్ము	*Ammu!*
Negative Imperative Do not sell!	అమ్మకు మ !	***Ammakumu!***
Gerund (The act of) selling	అమ్మడం	***Ammadam***

77.

| To **send** | పంపుట | *Pamputa* |

Present Tense

I send	నేను పంపు**తు**న్నాను	*Nenu pampu**thunnaanu***
You send	నువ్వు పంపు**తు**న్నావు	*Nuvvu pampu**thunnaavu***
He sends	అతడు పంపు**తు**న్నాడు	*Athadu pampu**thunnaadu***
She sends	ఆమె పంపు**తు**న్నది	*Aame pampu**thunnadhi***
They send	వాళ్ళు పంపు**తు**న్నారు	*Vaallu pampu**thunnaaru***

Past Tense

I sent	నేను పంపా**ను**	*Nenu pamp**aanu***
You sent	నువ్వు పంపా**వు**	*Nuvvu pamp**aavu***
He sent	అతడు పంపా**డు**	*Athadu pamp**aadu***
She sent	ఆమె పంపి**ం**ది	*Aame pamp**indhi***
They sent	వాళ్ళు పంపా**రు**	*Vaallu pamp**aaru***

Future Tense

I will send	నేను పంపు**తా**ను	*Nenu pampu**thaanu***
You will send	నువ్వు పంపు**తా**వు	*Nuvvu pampu**thaavu***
He will send	అతడు పంపు**తా**డు	*Athadu pampu**thaadu***
She will send	ఆమె పంపు**తు**ంది	*Aame pampu**thundhi***
They will send	వాళ్ళు పంపు**తా**రు	*Vaallu pampu**thaaru***

Negative

I will not send	నేను పంపను	*Nenu pam**panu***
You will not send	నువ్వు పంపవు	*Nuvvu pam**pavu***
He will not send	అతడు పంపడు	*Athadu pam**padu***
She will not send	ఆమె పంపదు	*Aame pam**padhu***
They will not send	వాళ్ళ పంపరు	*Vaallu pam**paru***

Durative

I have been sending	నేను పంపతూ ఉన్నాను	*Nenu pampu**thuu unnaanu***
You have been sending	నువ్వు పంపతూ ఉన్నావు	*Nuvvu pampu**thuu unnaavu***
He has been sending	అతడు పంపతూ ఉన్నాడు	*Athadu pampu**thuu unnaadu***
She has been sending	ఆమె పంపతూ ఉన్నది	*Aame pampu**thuu unnadhi***
They have been sending	వాళ్ళ పంపతూ ఉన్నారు	*Vaallu pampu**thuu unnaaru***

Present Participle
(While) sending — పంపతూ — *Pampu**thuu***

Past Participle
(Can) send — పంపగల — *Pam**pagala***

Negative Participle
(Cannot) send — పంపలేని — *Pam**paleni***

Imperative
Send! — పంపము ! — *Pampumu!*

Negative Imperative
Do not send! — పంపకుము! — *Pam**pakumu**!*

Gerund
(The act of) sending — పంపడం — *Pam**padam***

78.

To **show**	చూపట	*Chooputa*

Present Tense

I show	నేను చూ**పిస్తున్నాను**	*Nenu choo**pisthunnaanu***
You show	నువ్వు చూ**పిస్తున్నావు**	*Nuvvu choo**pisthunnaavu***
He shows	అతడు చూ**పిస్తున్నాడు**	*Athadu choo**pisthunnaadu***
She shows	ఆమె చూ**పిస్తున్నది**	*Aame choo**pisthunnadhi***
They show	వాళ్ళ చూ**పిస్తున్నారు**	*Vaallu choo**pisthunnaaru***

Past Tense

I showed	నేను చూపించాను	*Nenu choo**pinchaanu***
You showed	నువ్వు చూపించావు	*Nuvvu choo**pinchaavu***
He showed	అతడు చూపించాడు	*Athadu choo**pinchaadu***
She showed	ఆమె చూపించింది	*Aame choo**pinchindhi***
They showed	వాళ్ళ చూపించారు	*Vaallu choo**pinchaaru***

Future Tense

I will show	నేను చూ**పిస్తాను**	*Nenu choo**pisthaanu***
You will show	నువ్వు చూ**పిస్తావు**	*Nuvvu choo**pisthaavu***
He will show	అతడు చూ**పిస్తాడు**	*Athadu choo**pisthaadu***
She will show	ఆమె చూ**పిస్తుంది**	*Aame choo**pisthundhi***
They will show	వాళ్ళ చూ**పిస్తారు**	*Vaallu choo**pisthaaru***

Negative

I will not show	నేను చూపించను	*Nenu choo**pinchanu***
You will not show	నువ్వు చూపించవు	*Nuvvu choo**pinchavu***
He will not show	అతడు చూపించడు	*Athadu choo**pinchadu***
She will not show	ఆమె చూపించదు	*Aame choo**pinchadhu***
They will not show	వాళ్ళచూపించరు	*Vaallu choo**pincharu***

Durative

I have been showing	నేను చూపిస్తూఉన్నాను	*Nenu choopi**sthuu unnaanu***
You have been showing	నువ్వు చూపిస్తూఉన్నావు	*Nuvvu choopi**sthuu unnaavu***
He has been showing	అతడు చూపిస్తూఉన్నాడు	*Athadu choopi**sthuu unnaadu***
She has been showing	ఆమె చూపిస్తూఉన్నది	*Aame choopi**sthuu unnadhi***
They have been showing	వాళ్ళ చూపిస్తూఉన్నారు	*Vaallu choopi**sthuu unnaaru***

Present Participle
(While) showing — చూపిస్తూ — *Choo**pisthuu***

Past Participle
(Can) show — చూపించగల — *Choo**pinchagala***

Negative Participle
(Cannot) show — చూపించలేని — *Choo**pinchaleni***

Imperative
Show! — చూపుము ! — *Choopu**mu**!*

Negative Imperative
Do not show! — చూపకుము ! — *Choo**pakumu**!*

Gerund
(The act of) showing — చూపడం — *Choo**padam***

79.

To **sing**	పాడుట	*Paaduta*

Present Tense

I sing	నేను పాడు**తున్నాను**	*Nenu paadu**thunnaanu***
You sing	నువ్వు పాడు**తున్నావు**	*Nuvvu paadu**thunnaavu***
He sings	అతడు పాడు**తున్నాడు**	*Athadu paadu**thunnaadu***
She sings	ఆమె పాడు**తున్నది**	*Aame paadu**thunnadhi***
They sing	వాళ్ళు పాడు**తున్నారు**	*Vaallu paadu**thunnaaru***

Past Tense

I sang	నేను పా**డాను**	*Nenu paa**daanu***
You sang	నువ్వు పా**డావు**	*Nuvvu paa**daavu***
He sang	అతడు పా**డాడు**	*Athadu paa**daadu***
She sang	ఆమె పా**డింది**	*Aame paa**dindhi***
They sang	వాళ్ళు పా**డారు**	*Vaallu paa**daaru***

Future Tense

I will sing	నేను పాడు**తాను**	*Nenu paadu**thaanu***
You will sing	నువ్వు పాడు**తావు**	*Nuvvu paadu**thaavu***
He will sing	అతడు పాడు**తాడు**	*Athadu paadu**thaadu***
She will sing	ఆమె పాడు**తుంది**	*Aame paadu**thundhi***
They will sing	వాళ్ళు పాడు**తారు**	*Vaallu paadu**thaaru***

Negative

I will not sing	నేను పాడను	*Nenu paa**danu***
You will not sing	నువ్వు పాడవు	*Nuvvu paa**davu***
He will not sing	అతడు పాడడు	*Athadu paa**dadu***
She will not sing	ఆమె పాడదు	*Aame paa**dadhu***
They will not sing	వాళ్ళు పాడరు	*Vaallu paa**daru***

Durative

I have been singing	నేను పాడుతూ ఉన్నాను	*Nenu paadu**thuu unnaanu***
You have been singing	నువ్వు పాడుతూ ఉన్నావు	*Nuvvu paadu**thuu unnaavu***
He has been singing	అతడు పాడుతూ ఉన్నాడు	*Athadu paadu**thuu unnaadu***
She has been singing	ఆమె పాడుతూ ఉన్నది	*Aame paadu**thuu unnadhi***
They have been singing	వాళ్ళు పాడుతూ ఉన్నారు	*Vaallu paadu**thuu unnaaru***

Present Participle (While) singing	పాడుతూ	*Paadu**thuu***
Past Participle (Can) sing	పాడగల	*Paa**dagala***
Negative Participle (Cannot) sing	పాడలేని	*Paa**daleni***
Imperative Sing!	పాడుము !	*Paadu**mu**!*
Negative Imperative Do not sing!	పాడకుము !	*Paa**dakumu**!*
Gerund (The act of) singing	పాడడం	*Paa**dadam***

80.

To **sit**	కూర్చుండుట	*Kuurchunduta*

Present Tense

I sit	నేను కూర్చుంటున్నాను	*Nenu kuurchun**tunnaanu***
You sit	నువ్వు కూర్చుంటున్నావు	*Nuvvu kuurchun**tunnaavu***
He sits	అతడు కూర్చుంటున్నాడు	*Athadu kuurchun**tunnaadu***
She sits	ఆమె కూర్చుంటున్నది	*Aame kuurchun**tunnadhi***
They sit	వాళ్ళు కూర్చుంటున్నారు	*Vaallu kuurchun**tunnaaru***

Past Tense

I sat	నేను కూర్చున్నాను	*Nenu kuurchu**nnaanu***
You sat	నువ్వు కూర్చున్నావు	*Nuvvu kuurchu**nnaavu***
He sat	అతడు కూర్చున్నాడు	*Athadu kuurchu**nnaadu***
She sat	ఆమె కూర్చున్నది	*Aame kuurchu**nnadhi***
They sat	వాళ్ళు కూర్చున్నారు	*Vaallu kuurchu**nnaaru***

Future Tense

I will sit	నేను కూర్చుంటాను	*Nenu kuurchun**taanu***
You will sit	నువ్వు కూర్చుంటావు	*Nuvvu kuurchun**taavu***
He will sit	అతడు కూర్చుంటాడు	*Athadu kuurchun**taadu***
She will sit	ఆమె కూర్చుంటుంది	*Aame kuurchun**tundhi***
They will sit	వాళ్ళు కూర్చుంటారు	*Vaallu kuurchun**taaru***

Negative

I will not sit	నేను కూర్చోను	*Nenu kuu**rchonu***
You will not sit	నువ్వు కూర్చోవు	*Nuvvu kuu**rchovu***
He will not sit	అతడు కూర్చోడు	*Athadu kuu**rchodu***
She will not sit	ఆమె కూర్చోదు	*Aame kuu**rchodhu***
They will not sit	వాళ్ళ కూర్చోరు	*Vaallu kuu**rchoru***

Durative

I have been sitting	నేను కూర్చంటూ ఉన్నాను	*Nenu kuurchun**tuu unnaanu***
You have been sitting	నువ్వు కూర్చంటూ ఉన్నావు	*Nuvvu kuurchun**tuu unnaavu***
He has been sitting	అతడు కూర్చంటూ ఉన్నాడు	*Athadu kuurchun**tuu unnaadu***
She has been sitting	ఆమె కూర్చంటూ ఉన్నది	*Aame kuurchun**tuu unnadhi***
They have been sitting	వాళ్ళ కూర్చంటూ ఉన్నారు	*Vaallu kuurchun**tuu unnaaru***

Present Participle (While) sitting	కూర్చంటూ	*Kuurchun**tuu***
Past Participle (Can) sit	కూర్చోగల	***Kuu**rchogala*
Negative Participle (Cannot) sit	కూర్చోలేని	***Kuu**rcholeni*
Imperative Sit!	కూర్చో	***Kuu**rcho!*
Negative Imperative Do not sit!	కూర్చోకు!	***Kuu**rchoku!*
Gerund (The act of) sitting	కూర్చోవడం	***Kuu**rchovadam*

81.

To **sleep**	నిద్రపోవట	*Nidhrapovuta*

Present Tense

I sleep	నేను నిద్రపోతున్నాను	*Nenu nidhrapo**thunnaanu***
You sleep	నువ్వు నిద్రపోతున్నావు	*Nuvvu nidhrapo**thunnaavu***
He sleeps	అతడు నిద్రపోతున్నాడు	*Athadu nidhrapo**thunnaadu***
She sleeps	ఆమె నిద్రపోతున్నది	*Aame nidhrapo**thunnadhi***
They sleep	వాళ్ళు నిద్రపోతున్నారు	*Vaallu nidhrapo**thunnaaru***

Past Tense

I slept	నేను నిద్రపోయాను	*Nenu nidhrapo**yaanu***
You slept	నువ్వు నిద్రపోయావు	*Nuvvu nidhrapo**yaavu***
He slept	అతడు నిద్రపోయాడు	*Athadu nidhrapo**yaadu***
She slept	ఆమె నిద్రపోయింది	*Aame nidhrapo**yindhi***
They slept	వాళ్ళు నిద్రపోయారు	*Vaallu nidhrapo**yaaru***

Future Tense

I will sleep	నేను నిద్రపోతాను	*Nenu nidhrapo**thaanu***
You will sleep	నువ్వు నిద్రపోతావు	*Nuvvu nidhrapo**thaavu***
He will sleep	అతడు నిద్రపోతాడు	*Athadu nidhrapo**thaadu***
She will sleep	ఆమె నిద్రపోతుంది	*Aame nidhrapo**thundhi***
They will sleep	వాళ్ళు నిద్రపోతారు	*Vaallu nidhrapo**thaaru***

Negative

I will not sleep	నేను నిద్రపోను	Nenu nidhrapo**nu**
You will not sleep	నువ్వు నిద్రపోవు	Nuvvu nidhrapo**vu**
He will not sleep	అతడు నిద్రపోడు	Athadu nidhrapo**du**
She will not sleep	ఆమె నిద్రపోదు	Aame nidhrapo**dhu**
They will not sleep	వాళ్ళు నిద్రపోరు	Vaallu nidhrapo**ru**

Durative

I have been sleeping	నేను నిద్రపోతూ ఉన్నాను	Nenu nidhrapo**thuu** unnaanu
You have been sleeping	నువ్వు నిద్రపోతూ ఉన్నావు	Nuvvu nidhrapo**thuu** unnaavu
He has been sleeping	అతడు నిద్రపోతూ ఉన్నాడు	Athadu nidhrapo**thuu** unnaadu
She has been sleeping	ఆమె నిద్రపోతూ ఉన్నది	Aame nidhrapo**thuu** unnadhi
They have been sleeping	వాళ్ళు నిద్రపోతూ ఉన్నారు	Vaallu nidhrapo**thuu** unnaaru

Present Participle
(While) sleeping   నిద్రపోతూ   Nidhrapo**thuu**

Past Participle
(Can) sleep   నిద్రపోగల   Nidhrapo**gala**

Negative Participle
(Cannot) sleep   నిద్రపోలేని   Nidhrapole**ni**

Imperative
Sleep!   నిద్రపో   Nidhra**po**!

Negative Imperative
Do not sleep!   నిద్రపోకు!   Nidhrapo**ku**!

Gerund
(The act of) sleeping   నిద్రపోవడం   Nidhrapo**vadam**

82.

To **smile**	మందహాసించుట	*Mandhahasinchuta*

<u>Present Tense</u>

I smile	నేను మందహాసి**స్తున్నాను**	*Nenu mandhahasi**sthunnaanu***
You smile	నువ్వు మందహాసి**స్తున్నావు**	*Nuvvu mandhahasi**sthunnaavu***
He smiles	అతడు మందహాసి**స్తున్నాడు**	*Athadu mandhahasi**sthunnaadu***
She smiles	ఆమె మందహాసి**స్తున్నది**	*Aame mandhahasi**sthunnadhi***
They smile	వాళ్ళు మందహాసి**స్తున్నారు**	*Vaallu mandhahasi**sthunnaaru***

<u>Past Tense</u>

I smiled	నేను మందహాసించాను	*Nenu mandhahasin**chaanu***
You smiled	నువ్వు మందహాసించావు	*Nuvvu mandhahasin**chaavu***
He smiled	అతడు మందహాసించాడు	*Athadu mandhahasin**chaadu***
She smiled	ఆమె మందహాసించింది	*Aame mandhahasin**chindhi***
They smiled	వాళ్ళు మందహాసించారు	*Vaallu mandhahasin**chaaru***

<u>Future Tense</u>

I will smile	నేను మందహాసి**స్తాను**	*Nenu mandhahasi**sthaanu***
You will smile	నువ్వు మందహాసి**స్తావు**	*Nuvvu mandhahasi**sthaavu***
He will smile	అతడు మందహాసి**స్తాడు**	*Athadu mandhahasi**sthaadu***
She will smile	ఆమె మందహాసి**స్తుంది**	*Aame mandhahasi**sthundhi***
They will smile	వాళ్ళు మందహాసి**స్తారు**	*Vaallu mandhahasi**sthaaru***

Negative

I will not smile	నేను ము దహసి ంచను	*Nenu mandhahasin**chanu***
You will not smile	ను వ్వ ము దహసి ంచవ	*Nuvvu mandhahasin**chavu***
He will not smile	అతడు ము దహసి ంచడు	*Athadu mandhahasin**chadu***
She will not smile	ఆమె ము దహసి ంచదు	*Aame mandhahasin**chadhu***
They will not smile	వాళ్ళ ము దహసి ంచరు	*Vaallu mandhahasin**charu***

Durative

I have been smiling	నేను ము దహసిస్తూఉన్నాను	*Nenu mandhahasi**sthuu unnaanu***
You have been smiling	ను వ్వ ము దహసిస్తూఉన్నావు	*Nuvvu mandhahasi**sthuu unnaavu***
He has been smiling	అతడు ము దహసిస్తూఉన్నాడు	*Athadu mandhahasi**sthuu unnaadu***
She has been smiling	ఆమె ము దహసిస్తూఉన్నది	*Aame mandhahasi**sthuu unnadhi***
They have been smiling	వాళ్ళ ము దహసిస్తూఉన్నారు	*Vaallu mandhahasi**sthuu unnaaru***

Present Participle

(While) smiling	ము దహసిస్తూ	*Mandhahasi**sthuu***

Past Participle

(Can) smile	ము దహసి ంచగల	*Mandhahasin**chagala***

Negative Participle

(Cannot) smile	ము దహసి ంచలేని	*Mandhahasin**chaleni***

Imperative

Smile!	ము దహసి ంచు !	*Mandhahasin**chu**!*

Negative Imperative

Do not smile!	ము దహసి ంచకు !	*Mandhahasin**chaku**!*

Gerund

(The act of) smiling	ము దహసి ంచడం	*Mandhahasin**chadam***

83.

To **speak**	**మాట్లాడు ట**	*Maatlaaduta*

Present Tense

I speak	నేను మాట్లాడు **తు న్నాను**	*Nenu maatlaadu**thunnaanu***
You speak	నువ్వు మాట్లాడు **తు న్నావు**	*Nuvvu maatlaadu**thunnaavu***
He speaks	అతడు మాట్లాడు **తు న్నాడు**	*Athadu maatlaadu**thunnaadu***
She speaks	ఆమె మాట్లాడు **తు న్నది**	*Aame maatlaadu**thunnadhi***
They speak	వాళ్ళు మాట్లాడు **తు న్నారు**	*Vaallu maatlaadu**thunnaaru***

Past Tense

I spoke	నేను మాట్లా**డాను**	*Nenu maatlaa**daanu***
You spoke	నువ్వు మాట్లా**డావు**	*Nuvvu maatlaa**daavu***
He spoke	అతడు మాట్లా**డాడు**	*Athadu maatlaa**daadu***
She spoke	ఆమె మాట్లా**డి ంది**	*Aame maatlaa**dindhi***
They spoke	వాళ్ళు మాట్లా**డారు**	*Vaallu maatlaa**daaru***

Future Tense

I will speak	నేను మాట్లాడు **తాను**	*Nenu maatlaadu**thaanu***
You will speak	నువ్వు మాట్లాడు **తావు**	*Nuvvu maatlaadu**thaavu***
He will speak	అతడు మాట్లాడు **తాడు**	*Athadu maatlaadu**thaadu***
She will speak	ఆమె మాట్లాడు **తు ంది**	*Aame maatlaadu**thundhi***
They will speak	వాళ్ళు మాట్లాడు **తారు**	*Vaallu maatlaadu**thaaru***

Negative

I will not speak	నేను మాట్లాడను	*Nenu maatlaa**danu***
You will not speak	నువ్వు మాట్లాడవు	*Nuvvu maatlaa**davu***
He will not speak	అతడు మాట్లాడడు	*Athadu maatlaa**dadu***
She will not speak	ఆమె మాట్లాడదు	*Aame maatlaa**dadhu***
They will not speak	వాళ్ళు మాట్లాడరు	*Vaallu maatlaa**daru***

Durative

I have been speaking	నేను మాట్లాడుతూ ఉన్నాను	*Nenu maatlaadu**thuu** unnaanu*
You have been speaking	నువ్వు మాట్లాడుతూ ఉన్నావు	*Nuvvu maatlaadu**thuu** unnaavu*
He has been speaking	అతడు మాట్లాడుతూ ఉన్నాడు	*Athadu maatlaadu**thuu** unnaadu*
She has been speaking	ఆమె మాట్లాడుతూ ఉన్నది	*Aame maatlaadu**thuu** unnadhi*
They have been speaking	వాళ్ళు మాట్లాడుతూ ఉన్నారు	*Vaallu maatlaadu**thuu** unnaaru*

Present Participle
(While) speaking	మాట్లాడుతూ	*Maatlaadu**thuu***

Past Participle
(Can) speak	మాట్లాడగల	*Maatlaa**dagala***

Negative Participle
(Cannot) speak	**మాట్లాడలేని**	*Maatlaa**daleni***

Imperative
Speak!	మాట్లాడుము!	*Maatlaadu**mu**!*

Negative Imperative
Do not speak!	మాట్లాడకుము!	*Maatlaa**dakumu**!*

Gerund
(The act of) speaking	మాట్లాడడం	*Maatlaa**dadam***

84.

To **stand**	నిలబడు ట	*Nilabaduta*

<u>Present Tense</u>

I stand	నేను నిలబడు **తు న్నాను**	*Nenu nilabadu**thunnaanu***
You stand	నువ్వు నిలబడు **తు న్నావు**	*Nuvvu nilabadu**thunnaavu***
He stands	అతడు నిలబడు **తు న్నాడు**	*Athadu nilabadu**thunnaadu***
She stands	ఆమె నిలబడు **తు న్నది**	*Aame nilabadu**thunnadhi***
They stand	వాళ్ళ నిలబడు **తు న్నారు**	*Vaallu nilabadu**thunnaaru***

<u>Past Tense</u>

I stood	నేను నిలబ**డ్డాను**	*Nenu nilaba**ddaanu***
You stood	నువ్వు నిలబ**డ్డావు**	*Nuvvu nilaba**ddaavu***
He stood	అతడు నిలబ**డ్డాడు**	*Athadu nilaba**ddaadu***
She stood	ఆమె నిలబ**డి ంది**	*Aame nilaba**dindhi***
They stood	వాళ్ళ నిలబ**డ్డారు**	*Vaallu nilaba**ddaaru***

<u>Future Tense</u>

I will stand	నేను నిలబడు **తాను**	*Nenu nilabadu**thaanu***
You will stand	నువ్వు నిలబడు **తావు**	*Nuvvu nilabadu**thaavu***
He will stand	అతడు నిలబడు **తాడు**	*Athadu nilabadu**thaadu***
She will stand	ఆమె నిలబడు **తు ంది**	*Aame nilabadu**thundhi***
They will stand	వాళ్ళ నిలబడు **తారు**	*Vaallu nilabadu**thaaru***

Negative

I will not stand	నేను నిలబ**డను**	*Nenu nilaba**danu***
You will not stand	నువ్వు నిలబ**డవు**	*Nuvvu nilaba**davu***
He will not stand	అతడు నిలబ**డడు**	*Athadu nilaba**dadu***
She will not stand	ఆమె నిలబ**డదు**	*Aame nilaba**dadhu***
They will not stand	వాళ్ళ నిలబ**డరు**	*Vaallu nilaba**daru***

Durative

I have been standing	నేను నిలబడు **తూ ఉన్నాను**	*Nenu nilabadu**thuu unnaanu***
You have been standing	నువ్వు నిలబడు **తూ ఉన్నావు**	*Nuvvu nilabadu**thuu unnaavu***
He has been standing	అతడు నిలబడు **తూ ఉన్నాడు**	*Athadu nilabadu**thuu unnaadu***
She has been standing	ఆమె నిలబడు **తూ ఉన్నది**	*Aame nilabadu**thuu unnadhi***
They have been standing	వాళ్ళ నిలబడు **తూ ఉన్నారు**	*Vaallu nilabadu**thuu unnaaru***

Present Participle

(While) standing	నిలబడు **తూ**	*Nilabadu**thuu***

Past Participle

(Can) stand	నిలబ**డగల**	*Nilaba**dagala***

Negative Participle

(Cannot) stand	**నిలబడలేని**	*Nilaba**daleni***

Imperative

Stand!	నిలబడు **ము** !	*Nilabadu**mu**!*

Negative Imperative

Do not stand!	నిలబ**డకు** ము !	*Nilaba**dakumu**!*

Gerund

(The act of) standing	నిలబ**డడం**	*Nilaba**dadam***

85.

To **start** ప్రారంభి ంచ ట *Praarambhinchuta*

Present Tense

I start నేను ప్రారంభిస్తున్నాను *Nenu praarambhi**sthunnaanu***
You start నువ్వు ప్రారంభిస్తున్నావు *Nuvvu praarambhi**sthunnaavu***
He starts అతడు ప్రారంభిస్తున్నాడు *Athadu praarambhi**sthunnaadu***
She starts ఆమె ప్రారంభిస్తున్నది *Aame praarambhi**sthunnadhi***
They start వాళ్ళు ప్రారంభిస్తున్నారు *Vaallu praarambhi**sthunnaaru***

Past Tense

I started నేను ప్రారంభి ంచాను *Nenu praarambhin**chaanu***
You started నువ్వు ప్రారంభి ంచావు *Nuvvu praarambhin**chaavu***
He started అతడు ప్రారంభి ంచాడు *Athadu praarambhin**chaadu***
She started ఆమె ప్రారంభి ంచి ంది *Aame praarambhin**chindhi***
They started వాళ్ళు ప్రారంభి ంచారు *Vaallu praarambhin**chaaru***

Future Tense

I will start నేను ప్రారంభిస్తాను *Nenu praarambhi**sthaanu***
You will start నువ్వు ప్రారంభిస్తావు *Nuvvu praarambhi**sthaavu***
He will start అతడు ప్రారంభిస్తాడు *Athadu praarambhi**sthaadu***
She will start ఆమె ప్రారంభిస్తుంది *Aame praarambhi**sthundhi***
They will start వాళ్ళు ప్రారంభిస్తారు *Vaallu praarambhi**sthaaru***

Negative

I will not start	నేను ప్రారంభించను	Nenu praarambhin**chanu**
You will not start	నువ్వు ప్రారంభించవు	Nuvvu praarambhin**chavu**
He will not start	అతడు ప్రారంభించడు	Athadu praarambhin**chadu**
She will not start	ఆమె ప్రారంభించదు	Aame praarambhin**chadhu**
They will not start	వాళ్ళు ప్రారంభించరు	Vaallu praarambhin**charu**

Durative

I have been starting	నేను ప్రారంభిస్తూ ఉన్నాను	Nenu praarambhi**sthuu** unnaanu
You have been starting	నువ్వు ప్రారంభిస్తూ ఉన్నావు	Nuvvu praarambhi**sthuu** unnaavu
He has been starting	అతడు ప్రారంభిస్తూ ఉన్నాడు	Athadu praarambhi**sthuu** unnaadu
She has been starting	ఆమె ప్రారంభిస్తూ ఉన్నది	Aame praarambhi**sthuu** unnadhi
They have been starting	వాళ్ళు ప్రారంభిస్తూ ఉన్నారు	Vaallu praarambhi**sthuu** unnaaru

Present Participle (While) starting	ప్రారంభిస్తూ	Praarambhi**sthuu**
Past Participle (Can) start	ప్రారంభించగల	Praarambhin**chagala**
Negative Participle (Cannot) start	ప్రారంభించలేని	Praarambhin**chaleni**
Imperative Start!	ప్రారంభించుము!	Praarambhin**chumu**!
Negative Imperative Do not start!	ప్రారంభించకుము!	Praarambhin**chakumu**!
Gerund (The act of) starting	ప్రారంభించడం	Praarambhin**chadam**

86.

To **stay**	ఉండ ట	*Unduta*

<u>Present Tense</u>

I stay	నేను ఉంటు న్నాను	*Nenu un**tunnaanu***
You stay	ను వ్వు ఉంటు న్నావు	*Nuvvu un**tunnaavu***
He stays	అతడు ఉంటు న్నాడు	*Athadu un**tunnaadu***
She stays	ఆమె ఉంటు న్నది	*Aame un**tunnadhi***
They stay	వాళ్ళ ఉంటు న్నారు	*Vaallu un**tunnaaru***

<u>Past Tense</u>

I stayed	నేను ఉన్నాను	*Nenu u**nnaanu***
You stayed	ను వ్వు ఉన్నావు	*Nuvvu u**nnaavu***
He stayed	అతడు ఉన్నాడు	*Athadu u**nnaadu***
She stayed	ఆమె ఉన్నది	*Aame u**nnadhi***
They stayed	వాళ్ళ ఉన్నారు	*Vaallu u**nnaaru***

<u>Future Tense</u>

I will stay	నేను ఉంటాను	*Nenu un**taanu***
You will stay	ను వ్వు ఉంటావు	*Nuvvu un**taavu***
He will stay	అతడు ఉంటాడు	*Athadu un**taadu***
She will stay	ఆమె ఉంటు ంది	*Aame un**tundhi***
They will stay	వాళ్ళ ఉంటారు	*Vaallu un**taaru***

<u>Negative</u>

I will not stay	నేను ఉండను	*Nenu un**danu***
You will not stay	నువ్వు ఉండవు	*Nuvvu un**davu***
He will not stay	అతడు ఉండడు	*Athadu un**dadu***
She will not stay	ఆమె ఉండదు	*Aame un**dadhu***
They will not stay	వాళ్ళు ఉండరు	*Vaallu un**daru***

<u>Durative</u>

I have been staying	నేను ఉంటూ ఉన్నాను	*Nenu un**tuu unnaanu***
You have been staying	నువ్వు ఉంటూ ఉన్నావు	*Nuvvu un**tuu unnaavu***
He has been staying	అతడు ఉంటూ ఉన్నాడు	*Athadu un**tuu unnaadu***
She has been staying	ఆమె ఉంటూ ఉన్నది	*Aame un**tuu unnadhi***
They have been staying	వాళ్ళు ఉంటూ ఉన్నారు	*Vaallu un**tuu unnaaru***

<u>Present Participle</u>

(While) staying	ఉంటూ	*Un**tuu***

<u>Past Participle</u>

(Can) stay	ఉండగల	*Un**dagala***

<u>Negative Participle</u>

(Cannot) stay	ఉండలేని	*Un**daleni***

<u>Imperative</u>

Stay!	ఉండు!	*Un**du**!*

<u>Negative Imperative</u>

Do not stay!	ఉండకు!	*Un**daku**!*

<u>Gerund</u>

(The act of) staying	ఉండడం	*Un**dadam***

87.

| To **take** | తీసుకొనుట | *Theesukonuta* |

Present Tense

I take	నేను తీసుకొంటున్నాను	*Nenu theesukon**tunnaanu***
You take	నువ్వు తీసుకొంటున్నావు	*Nuvvu theesukon**tunnaavu***
He takes	అతడు తీసుకొంటున్నాడు	*Athadu theesukon**tunnaadu***
She takes	ఆమె తీసుకొంటున్నది	*Aame theesukon**tunnadhi***
They take	వాళ్ళు తీసుకొంటున్నారు	*Vaallu theesukon**tunnaaru***

Past Tense

I took	నేను తీసుకొన్నాను	*Nenu theesuko**nnaanu***
You took	నువ్వు తీసుకొన్నావు	*Nuvvu theesuko**nnaavu***
He took	అతడు తీసుకొన్నాడు	*Athadu theesuko**nnaadu***
She took	ఆమె తీసుకొన్నది	*Aame theesuko**nnadhi***
They took	వాళ్ళు తీసుకొన్నారు	*Vaallu theesuko**nnaaru***

Future Tense

I will take	నేను తీసుకొంటాను	*Nenu theesukon**taanu***
You will take	నువ్వు తీసుకొంటావు	*Nuvvu theesukon**taavu***
He will take	అతడు తీసుకొంటాడు	*Athadu theesukon**taadu***
She will take	ఆమె తీసుకొంటుంది	*Aame theesukon**tundhi***
They will take	వాళ్ళు తీసుకొంటారు	*Vaallu theesukon**taaru***

<u>Negative</u>

I will not take	నేను తీసు కోను	*Nenu theesu**konu***
You will not take	నువ్వు తీసు కోవు	*Nuvvu theesu**kovu***
He will not take	అతడు తీసు కోడు	*Athadu theesu**kodu***
She will not take	ఆమె తీసు కోదు	*Aame theesu**kodhu***
They will not take	వాళ్ళు తీసు కోరు	*Vaallu theesu**koru***

<u>Durative</u>

I have been taking	నేను తీసు కొంటూ ఉన్నాను	*Nenu theesukon**tuu unnaanu***
You have been taking	నువ్వు తీసు కొంటూ ఉన్నావు	*Nuvvu theesukon**tuu unnaavu***
He has been taking	అతడు తీసు కొంటూ ఉన్నాడు	*Athadu theesukon**tuu unnaadu***
She has been taking	ఆమె తీసు కొంటూ ఉన్నది	*Aame theesukon**tuu unnadhi***
They have been taking	వాళ్ళు తీసు కొంటూ ఉన్నారు	*Vaallu theesukon**tuu unnaaru***

<u>Present Participle</u> (While) taking	తీసు కొంటూ	*Theesu**kontuu***
<u>Past Participle</u> (Can) take	తీసు కోగల	*Theesu**kogala***
<u>Negative Participle</u> (Cannot) take	తీసు కోలేని	*Theesu**koleni***
<u>Imperative</u> Take!	తీసు కో!	*Theesu**ko**!*
<u>Negative Imperative</u> Do not take!	తీసు కోకు!	*Theesu**koku**!*
<u>Gerund</u> (The act of) taking	తీసు కోవడం	*Theesuko**vadam***

88.

To **talk**	సంభాషించుట	*Sambhaashinchuta*

<u>Present Tense</u>

I talk	నేను సంభాషి**స్తున్నాను**	*Nenu sambhaashi**sthunnaanu***
You talk	నువ్వు సంభాషి**స్తున్నావు**	*Nuvvu sambhaashi**sthunnaavu***
He talks	అతడు సంభాషి**స్తున్నాడు**	*Athadu sambhaashi**sthunnaadu***
She talks	ఆమె సంభాషి**స్తున్నది**	*Aame sambhaashi**sthunnadhi***
They talk	వాళ్ళు సంభాషి**స్తున్నారు**	*Vaallu sambhaashi**sthunnaaru***

<u>Past Tense</u>

I talked	నేను సంభాషి**ంచాను**	*Nenu sambhaashin**chaanu***
You talked	నువ్వు సంభాషి**ంచావు**	*Nuvvu sambhaashin**chaavu***
He talked	అతడు సంభాషి**ంచాడు**	*Athadu sambhaashin**chaadu***
She talked	ఆమె సంభాషి**ంచింది**	*Aame sambhaashin**chindhi***
They talked	వాళ్ళు సంభాషి**ంచారు**	*Vaallu sambhaashin**chaaru***

<u>Future Tense</u>

I will talk	నేను సంభాషి**స్తాను**	*Nenu sambhaashi**sthaanu***
You will talk	నువ్వు సంభాషి**స్తావు**	*Nuvvu sambhaashi**sthaavu***
He will talk	అతడు సంభాషి**స్తాడు**	*Athadu sambhaashi**sthaadu***
She will talk	ఆమె సంభాషి**స్తుంది**	*Aame sambhaashi**sthundhi***
They will talk	వాళ్ళు సంభాషి**స్తారు**	*Vaallu sambhaashi**sthaaru***

Negative

I will not talk	నేను సంభాషించను	*Nenu sambhaashin**chanu***
You will not talk	నువ్వు సంభాషించవు	*Nuvvu sambhaashin**chavu***
He will not talk	అతడు సంభాషించడు	*Athadu sambhaashin**chadu***
She will not talk	ఆమె సంభాషించదు	*Aame sambhaashin**chadhu***
They will not talk	వాళ్ళు సంభాషించరు	*Vaallu sambhaashin**charu***

Durative

I have been talking	నేను సంభాషిస్తూ ఉన్నాను	*Nenu sambhaashi**sthuu unnaanu***
You have been talking	నువ్వు సంభాషిస్తూ ఉన్నావు	*Nuvvu sambhaashi**sthuu unnaavu***
He has been talking	అతడు సంభాషిస్తూ ఉన్నాడు	*Athadu sambhaashi**sthuu unnaadu***
She has been talking	ఆమె సంభాషిస్తూ ఉన్నది	*Aame sambhaashi**sthuu unnadhi***
They have been talking	వాళ్ళు సంభాషిస్తూ ఉన్నారు	*Vaallu sambhaashi**sthuu unnaaru***

Present Participle (While) doing	సంభాషిస్తూ	*Sambhaashi**sthuu***
Past Participle (Can) talk	సంభాషించగల	*Sambhaashin**chagala***
Negative Participle (Cannot) talk	సంభాషించలేని	*Sambhaashin**chaleni***
Imperative Talk!	సంభాషించుము !	*Sambhaashin**chumu**!*
Negative Imperative Do not talk!	సంభాషించకుము !	*Sambhaashin**chakumu**!*
Gerund (The act of) talking	సంభాషించడం	*Sambhaashin**chadam***

89.

To teach నేర్పటు *Nerputa*

Present Tense

I teach	నేను నేర్పుతున్నాను	*Nenu nerpu**thunnaanu***
You teach	నువ్వు నేర్పుతున్నావు	*Nuvvu nerpu**thunnaavu***
He teaches	అతడు నేర్పుతున్నాడు	*Athadu nerpu**thunnaadu***
She teaches	ఆమె నేర్పుతున్నది	*Aame nerpu**thunnadhi***
They teach	వాళ్ళు నేర్పుతున్నారు	*Vaallu nerpu**thunnaaru***

Past Tense

I taught	నేను నేర్పాను	*Nenu ne**rpaanu***
You taught	నువ్వు నేర్పావు	*Nuvvu ne**rpaavu***
He taught	అతడు నేర్పాడు	*Athadu ne**rpaadu***
She taught	ఆమె నేర్పింది	*Aame ne**rpindhi***
They taught	వాళ్ళు నేర్పారు	*Vaallu ne**rpaaru***

Future Tense

I will teach	నేను నేర్పుతాను	*Nenu nerpu**thaanu***
You will teach	నువ్వు నేర్పుతావు	*Nuvvu nerpu**thaavu***
He will teach	అతడు నేర్పుతాడు	*Athadu nerpu**thaadu***
She will teach	ఆమె నేర్పుతుంది	*Aame nerpu**thundhi***
They will teach	వాళ్ళు నేర్పుతారు	*Vaallu nerpu**thaaru***

Negative

I will not teach	నేను నేర్పను	*Nenu ne**rpanu***
You will not teach	నువ్వు నేర్పవు	*Nuvvu ne**rpavu***
He will not teach	అతడు నేర్పడు	*Athadu ne**rpadu***
She will not teach	ఆమె నేర్పదు	*Aame ne**rpadhu***
They will not teach	వాళ్ళు నేర్పరు	*Vaallu ne**rparu***

Durative

I have been teaching	నేను నేర్పుతూ ఉన్నాను	*Nenu nerpu**thuu** unnaanu*
You have been teaching	నువ్వు నేర్పుతూ ఉన్నావు	*Nuvvu nerpu**thuu** unnaavu*
He has been teaching	అతడు నేర్పుతూ ఉన్నాడు	*Athadu nerpu**thuu** unnaadu*
She has been teaching	ఆమె నేర్పుతూ ఉన్నది	*Aame nerpu**thuu** unnadhi*
They have been teaching	వాళ్ళు నేర్పుతూ ఉన్నారు	*Vaallu nerpu**thuu** unnaaru*

Present Participle (While) teaching	నేర్పుతూ	*Nerpu**thuu***
Past Participle (Can) teach	నేర్పగల	*Ne**rpagala***
Negative Participle (Cannot) teach	నేర్పలేని	*Ne**rpaleni***
Imperative Teach!	నేర్పుము !	*Nerpu**mu!***
Negative Imperative Do not teach!	నేర్పకుము !	*Ne**rpakumu!***
Gerund (The act of) teaching	నేర్పడం	*Ne**rpadam***

90.

| **To think** | ఆలోచించుట | *Aalochinchuta* |

Present Tense

I think	నేను ఆలోచిస్తున్నాను	*Nenu aalochi**sthunnaanu***
You think	నువ్వు ఆలోచిస్తున్నావు	*Nuvvu aalochi**sthunnaavu***
He thinks	అతడు ఆలోచిస్తున్నాడు	*Athadu aalochi**sthunnaadu***
She thinks	ఆమె ఆలోచిస్తున్నది	*Aame aalochi**sthunnadhi***
They think	వాళ్ళు ఆలోచిస్తున్నారు	*Vaallu aalochi**sthunnaaru***

Past Tense

I thought	నేను ఆలోచించాను	*Nenu aalochin**chaanu***
You thought	నువ్వు ఆలోచించావు	*Nuvvu aalochin**chaavu***
He thought	అతడు ఆలోచించాడు	*Athadu aalochin**chaadu***
She thought	ఆమె ఆలోచించింది	*Aame aalochin**chindhi***
They thought	వాళ్ళు ఆలోచించారు	*Vaallu aalochin**chaaru***

Future Tense

I will think	నేను ఆలోచిస్తాను	*Nenu aalochi**sthaanu***
You will think	నువ్వు ఆలోచిస్తావు	*Nuvvu aalochi**sthaavu***
He will think	అతడు ఆలోచిస్తాడు	*Athadu aalochi**sthaadu***
She will think	ఆమె ఆలోచిస్తుంది	*Aame aalochi**sthundhi***
They will think	వాళ్ళు ఆలోచిస్తారు	*Vaallu aalochi**sthaaru***

Negative

I will not think	నేను ఆలోచించను	*Nenu aalochin**chanu***
You will not think	నువ్వు ఆలోచించవు	*Nuvvu aalochin**chavu***
He will not think	అతడు ఆలోచించడు	*Athadu aalochin**chadu***
She will not think	ఆమె ఆలోచించదు	*Aame aalochin**chadhu***
They will not think	వాళ్ళు ఆలోచించరు	*Vaallu aalochin**charu***

Durative

I have been thinking	నేను ఆలోచిస్తూ ఉన్నాను	*Nenu aalochi**sthuu unnaanu***
You have been thinking	నువ్వు ఆలోచిస్తూ ఉన్నావు	*Nuvvu aalochi**sthuu unnaavu***
He has been thinking	అతడు ఆలోచిస్తూ ఉన్నాడు	*Athadu aalochi**sthuu unnaadu***
She has been thinking	ఆమె ఆలోచిస్తూ ఉన్నది	*Aame aalochi**sthuu unnadhi***
They have been thinking	వాళ్ళు ఆలోచిస్తూ ఉన్నారు	*Vaallu aalochi**sthuu unnaaru***

Present Participle (While) thinking	ఆలోచిస్తూ	*Aalochi**sthuu***
Past Participle (Can) think	ఆలోచించగల	*Aalochin**chagala***
Negative Participle (Cannot) think	ఆలోచించలేని	*Aalochin**chaleni***
Imperative Think!	ఆలోచించుము !	*Aalochin**chumu!***
Negative Imperative Do not think!	ఆలోచించకుము !	*Aalochin**chakumu!***
Gerund (The act of) thinking	ఆలోచించడం	*Aalochin**chadam***

91.

To touch   స్పర్శించుట   *Sparsshinchuta*

Present Tense

I touch	నేను స్పర్శిస్తున్నాను	*Nenu sparsshi**sthunnaanu***
You touch	నువ్వు స్పర్శిస్తున్నావు	*Nuvvu sparsshi**sthunnaavu***
He touches	అతడు స్పర్శిస్తున్నాడు	*Athadu sparsshi**sthunnaadu***
She touches	ఆమె స్పర్శిస్తున్నది	*Aame sparsshi**sthunnadhi***
They touch	వాళ్ళు స్పర్శిస్తున్నారు	*Vaallu sparsshi**sthunnaaru***

Past Tense

I touched	నేను స్పర్శించాను	*Nenu sparsshin**chaanu***
You touched	నువ్వు స్పర్శించావు	*Nuvvu sparsshin**chaavu***
He touched	అతడు స్పర్శించాడు	*Athadu sparsshin**chaadu***
She touched	ఆమె స్పర్శించింది	*Aame sparsshin**chindhi***
They touched	వాళ్ళు స్పర్శించారు	*Vaallu sparsshin**chaaru***

Future Tense

I will touch	నేను స్పర్శిస్తాను	*Nenu sparsshi**sthaanu***
You will touch	నువ్వు స్పర్శిస్తావు	*Nuvvu sparsshi**sthaavu***
He will touch	అతడు స్పర్శిస్తాడు	*Athadu sparsshi**sthaadu***
She will touch	ఆమె స్పర్శిస్తుంది	*Aame sparsshi**sthundhi***
They will touch	వాళ్ళు స్పర్శిస్తారు	*Vaallu sparsshi**sthaaru***

Negative

I will not touch	నేను స్పర్శించను	*Nenu sparsshin**chanu***
You will not touch	నువ్వు స్పర్శించవు	*Nuvvu sparsshin**chavu***
He will not touch	అతడు స్పర్శించడు	*Athadu sparsshin**chadu***
She will not touch	ఆమె స్పర్శించదు	*Aame sparsshin**chadhu***
They will not touch	వాళ్ళ స్పర్శించరు	*Vaallu sparsshin**charu***

Durative

I have been touching	నేను స్పర్శిస్తూఉన్నాను	*Nenu sparsshi**sthuu unnaanu***
You have been touching	నువ్వు స్పర్శిస్తూఉన్నావు	*Nuvvu sparsshi**sthuu unnaavu***
He has been touching	అతడు స్పర్శిస్తూఉన్నాడు	*Athadu sparsshi**sthuu unnaadu***
She has been touching	ఆమె స్పర్శిస్తూఉన్నది	*Aame sparsshi**sthuu unnadhi***
They have been touching	వాళ్ళ స్పర్శిస్తూఉన్నారు	*Vaallu sparsshi**sthuu unnaaru***

Present Participle
(While) touching — స్పర్శిస్తూ — *Sparsshi**sthuu***

Past Participle
(Can) touch — స్పర్శించగల — *Sparsshin**chagala***

Negative Participle
(Cannot) touch — స్పర్శించలేని — *Sparsshin**chaleni***

Imperative
Touch! — స్పర్శించు ము ! — *Sparsshinchu**mu**!*

Negative Imperative
Do not touch! — స్పర్శించకు ము ! — *Sparsshin**chakumu**!*

Gerund
(The act of) touching — స్పర్శించడం — *Sparsshin**chadam***

92.

To **travel**	ప్రయాణించుట	*Prayaaninchuta*

Present Tense

I travel	నేను ప్రయాణిస్తున్నాను	*Nenu prayaani**sthunnaanu***
You travel	నువ్వు ప్రయాణిస్తున్నావు	*Nuvvu prayaani**sthunnaavu***
He travels	అతడు ప్రయాణిస్తున్నాడు	*Athadu prayaani**sthunnaadu***
She travels	ఆమె ప్రయాణిస్తున్నది	*Aame prayaani**sthunnadhi***
They travel	వాళ్ళు ప్రయాణిస్తున్నారు	*Vaallu prayaani**sthunnaaru***

Past Tense

I traveled	నేను ప్రయాణించాను	*Nenu prayaanin**chaanu***
You traveled	నువ్వు ప్రయాణించావు	*Nuvvu prayaanin**chaavu***
He traveled	అతడు ప్రయాణించాడు	*Athadu prayaanin**chaadu***
She traveled	ఆమె ప్రయాణించింది	*Aame prayaanin**chindhi***
They traveled	వాళ్ళు ప్రయాణించారు	*Vaallu prayaanin**chaaru***

Future Tense

I will travel	నేను ప్రయాణిస్తాను	*Nenu prayaani**sthaanu***
You will travel	నువ్వు ప్రయాణిస్తావు	*Nuvvu prayaani**sthaavu***
He will travel	అతడు ప్రయాణిస్తాడు	*Athadu prayaani**sthaadu***
She will travel	ఆమె ప్రయాణిస్తుంది	*Aame prayaani**sthundhi***
They will travel	వాళ్ళు ప్రయాణిస్తారు	*Vaallu prayaani**sthaaru***

Negative

I will not travel	నేను ప్రయాణించను	*Nenu prayaanin**chanu***
You will not travel	నువ్వు ప్రయాణించవు	*Nuvvu prayaanin**chavu***
He will not travel	అతడు ప్రయాణించడు	*Athadu prayaanin**chadu***
She will not travel	ఆమె ప్రయాణించదు	*Aame prayaanin**chadhu***
They will not travel	వాళ్ళు ప్రయాణించరు	*Vaallu prayaanin**charu***

Durative

I have been traveling	నేను ప్రయాణిస్తూ ఉన్నాను	*Nenu prayaani**sthuu unnaanu***
You have been traveling	నువ్వు ప్రయాణిస్తూ ఉన్నావు	*Nuvvu prayaani**sthuu unnaavu***
He has been traveling	అతడు ప్రయాణిస్తూ ఉన్నాడు	*Athadu prayaani**sthuu unnaadu***
She has been traveling	ఆమె ప్రయాణిస్తూ ఉన్నది	*Aame prayaani**sthuu unnadhi***
They have been traveling	వాళ్ళు ప్రయాణిస్తూ ఉన్నారు	*Vaallu prayaani**sthuu unnaaru***

Present Participle

(While) traveling	ప్రయాణిస్తూ	*Prayaani**sthuu***

Past Participle

(Can) travel	ప్రయాణించగల	*Prayaanin**chagala***

Negative Participle

(Cannot) travel	ప్రయాణించలేని	*Prayaanin**chaleni***

Imperative

Travel!	ప్రయాణించుము !	*Prayaaninchu**mu**!*

Negative Imperative

Do not travel!	ప్రయాణించకుము !	*Prayaanin**chakumu**!*

Gerund

(The act of) traveling	ప్రయాణించడం	*Prayaanin**chadam***

93.

To **understand**	గ్రహించుట	*Grahinchuta*

Present Tense

I understand	నేను గ్రహిస్తున్నాను	*Nenu grahi**sthunnaanu***
You understand	నువ్వు గ్రహిస్తున్నావు	*Nuvvu grahi**sthunnaavu***
He understands	అతడు గ్రహిస్తున్నాడు	*Athadu grahi**sthunnaadu***
She understand	ఆమె గ్రహిస్తున్నది	*Aame grahi**sthunnadhi***
They understand	వాళ్ళు గ్రహిస్తున్నారు	*Vaallu grahi**sthunnaaru***

Past Tense

I understood	నేను గ్రహించాను	*Nenu grahin**chaanu***
You understood	నువ్వు గ్రహించావు	*Nuvvu grahin**chaavu***
He understood	అతడు గ్రహించాడు	*Athadu grahin**chaadu***
She understood	ఆమె గ్రహించింది	*Aame grahin**chindhi***
They understood	వాళ్ళు గ్రహించారు	*Vaallu grahin**chaaru***

Future Tense

I will understand	నేను గ్రహిస్తాను	*Nenu grahi**sthaanu***
You will understand	నువ్వు గ్రహిస్తావు	*Nuvvu grahi**sthaavu***
He will understand	అతడు గ్రహిస్తాడు	*Athadu grahi**sthaadu***
She will understand	ఆమె గ్రహిస్తుంది	*Aame grahi**sthundhi***
They will understand	వాళ్ళు గ్రహిస్తారు	*Vaallu grahi**sthaaru***

<u>Negative</u>

I will not understand	నేను గ్రహించను	*Nenu grahin****chanu***
You will not understand	నువ్వు గ్రహించవు	*Nuvvu grahin****chavu***
He will not understand	అతడు గ్రహించడు	*Athadu grahin****chadu***
She will not understand	ఆమె గ్రహించదు	*Aame grahin****chadhu***
They will not understand	వాళ్ళు గ్రహించరు	*Vaallu grahin****charu***

<u>Durative</u>

I have been understanding	నేను గ్రహిస్తూ ఉన్నాను	*Nenu grahi****sthuu unnaanu***
You have been understanding	నువ్వు గ్రహిస్తూ ఉన్నావు	*Nuvvu grahi****sthuu unnaavu***
He has been understanding	అతడు గ్రహిస్తూ ఉన్నాడు	*Athadu grahi****sthuu unnaadu***
She has been understanding	ఆమె గ్రహిస్తూ ఉన్నది	*Aame grahi****sthuu unnadhi***
They have been understanding	వాళ్ళు గ్రహిస్తూ ఉన్నారు	*Vaallu grahi****sthuu unnaaru***

<u>Present Participle</u>

(While) understanding	గ్రహిస్తూ	*Grahi****sthuu***

<u>Past Participle</u>

(Can) understand	గ్రహించగల	*Grahin****chagala***

<u>Negative Participle</u>

(Cannot) understand	గ్రహించలేని	*Grahin****chaleni***

<u>Imperative</u>

Understand!	గ్రహించుము !	*Grahinchu****mu**!*

<u>Negative Imperative</u>

Do not understand!	గ్రహించకుము !	*Grahin****chakumu**!*

<u>Gerund</u>

(The act of) understanding	గ్రహించడం	*Grahin****chadam***

94.

To **use**	**వాడుట**	*Vaaduta*

Present Tense

I use	నేను వాడు**తున్నాను**	*Nenu vaadu**thunnaanu***
You use	నువ్వు వాడు**తున్నావు**	*Nuvvu vaadu**thunnaavu***
He uses	అతడు వాడు**తున్నాడు**	*Athadu vaadu**thunnaadu***
She uses	ఆమె వాడు**తున్నది**	*Aame vaadu**thunnadhi***
They use	వాళ్ళు వాడు**తున్నారు**	*Vaallu vaadu**thunnaaru***

Past Tense

I used	నేను వా**డాను**	*Nenu vaa**daanu***
You used	నువ్వు వా**డావు**	*Nuvvu vaa**daavu***
He used	అతడు వా**డాడు**	*Athadu vaa**daadu***
She used	ఆమె వా**డింది**	*Aame vaa**dindhi***
They used	వాళ్ళు వా**డారు**	*Vaallu vaa**daaru***

Future Tense

I will use	నేను వాడు**తాను**	*Nenu vaadu**thaanu***
You will use	నువ్వు వాడు**తావు**	*Nuvvu vaadu**thaavu***
He will use	అతడు వాడు**తాడు**	*Athadu vaadu**thaadu***
She will use	ఆమె వాడు**తుంది**	*Aame vaadu**thundhi***
They will use	వాళ్ళు వాడు**తారు**	*Vaallu vaadu**thaaru***

Negative

I will not use	నేను వాడను	*Nenu vaa**danu***
You will not use	నువ్వు వాడవు	*Nuvvu vaa**davu***
He will not use	అతడు వాడడు	*Athadu vaa**dadu***
She will not use	ఆమె వాడదు	*Aame vaa**dadhu***
They will not use	వాళ్ళు వాడరు	*Vaallu vaa**daru***

Durative

I have been using	నేను వాడుతూ ఉన్నాను	*Nenu vaadu**thuu** unnaanu*
You have been using	నువ్వు వాడుతూ ఉన్నావు	*Nuvvu vaadu**thuu** unnaavu*
He has been using	అతడు వాడుతూ ఉన్నాడు	*Athadu vaadu**thuu** unnaadu*
She has been using	ఆమె వాడుతూ ఉన్నది	*Aame vaadu**thuu** unnadhi*
They have been using	వాళ్ళు వాడుతూ ఉన్నారు	*Vaallu vaadu**thuu** unnaaru*

Present Participle (While) doing	వాడుతూ	*Vaadu**thuu***
Past Participle (Can) use	వాడగల	*Vaa**dagala***
Negative Participle (Cannot) use	వాడలేని	*Vaa**daleni***
Imperative Use!	వాడుము !	*Vaadu**mu**!*
Negative Imperative Do not use!	వాడకుము !	*Vaa**dakumu**!*
Gerund (The act of) using	వాడడం	*Vaa**dadam***

95.

To **wait**	**వేచియు ండు ట**	*Vechiyunduta*

<u>Present Tense</u>

I wait	నేను వేచియు **న్నాను**	*Nenu vechiyu**nnaanu***
You wait	ను వ్వు వేచియు **న్నావు**	*Nuvvu vechiyu**nnaavu***
He waits	అతడు వేచియు **న్నాడు**	*Athadu vechiyu**nnaadu***
She waits	ఆమె వేచియు **న్నది**	*Aame vechiyu**nnadhi***
They wait	వాళ్ళ వేచియు **న్నారు**	*Vaallu vechiyu**nnaaru***

<u>Past Tense</u>

I waited	నేను వేచియు **న్నాను**	*Nenu vechiyu**nnaanu***
You waited	ను వ్వు వేచియు **న్నావు**	*Nuvvu vechiyu**nnaavu***
He waited	అతడు వేచియు **న్నాడు**	*Athadu vechiyu**nnaadu***
She waited	ఆమె వేచియు **న్నది**	*Aame vechiyu**nnadhi***
They waited	వాళ్ళ వేచియు **న్నారు**	*Vaallu vechiyu**nnaaru***

<u>Future Tense</u>

I will wait	నేను వేచియు ం**టాను**	*Nenu vechiyun**taanu***
You will wait	ను వ్వు వేచియు ం**టావు**	*Nuvvu vechiyun**taavu***
He will wait	అతడు వేచియు ం**టాడు**	*Athadu vechiyun**taadu***
She will wait	ఆమె వేచియు ం**టు ంది**	*Aame vechiyun**tundhi***
They will wait	వాళ్ళ వేచియు ం**టారు**	*Vaallu vechiyun**taaru***

Negative

I will not wait	నేను వేచియు ండను	*Nenu vechiyun**danu***
You will not wait	నువ్వు వేచియు ండవు	*Nuvvu vechiyun**davu***
He will not wait	అతడు వేచియు ండడు	*Athadu vechiyun**dadu***
She will not wait	ఆమె వేచియు ండదు	*Aame vechiyun**dadhu***
They will not wait	వాళ్ళ వేచియు ండరు	*Vaallu vechiyun**daru***

Durative

I have been waiting	నేను వేచియు ంటూ ఉన్నాను	*Nenu vechiyun**tuu unnaanu***
You have been waiting	నువ్వు వేచియు ంటూ ఉన్నావు	*Nuvvu vechiyun**tuu unnaavu***
He has been waiting	అతడు వేచియు ంటూ ఉన్నాడు	*Athadu vechiyun**tuu unnaadu***
She has been waiting	ఆమె వేచియు ంటూ ఉన్నది	*Aame vechiyun**tuu unnadhi***
They have been waiting	వాళ్ళ వేచియు ంటూ ఉన్నారు	*Vaallu vechiyun**tuu unnaaru***

Present Participle (While) waiting	వేచియు ంటూ	*Vechiyun**tuu***
Past Participle (Can) wait	వేచియు ండగల	*Vechiyun**dagala***
Negative Participle (Cannot) wait	వేచియు ండలేని	*Vechiyun**daleni***
Imperative Wait!	వేచియు ండు ము !	*Vechiyundu**mu**!*
Negative Imperative Do not wait!	వేచియు ండకు ము !	*Vechiyun**dakumu**!*
Gerund (The act of) waiting	వేచియు ండడం	*Vechiyun**dadam***

96.

To **walk**	**నడుచుట**	*Naduchuta*

Present Tense

I walk	నేను నడు**స్తున్నాను**	*Nenu nadu**sthunnaanu***
You walk	నువ్వు నడు**స్తున్నావు**	*Nuvvu nadu**sthunnaavu***
He walks	అతడు నడు**స్తున్నాడు**	*Athadu nadu**sthunnaadu***
She walks	ఆమె నడు**స్తున్నది**	*Aame nadu**sthunnadhi***
They walk	వాళ్ళు నడు**స్తున్నారు**	*Vaallu nadu**sthunnaaru***

Past Tense

I walked	నేను నడి**చాను**	*Nenu nadi**chaanu***
You walked	నువ్వు నడి**చావు**	*Nuvvu nadi**chaavu***
He walked	అతడు నడి**చాడు**	*Athadu nadi**chaadu***
She walked	ఆమె నడి**చింది**	*Aame nadi**chindhi***
They walked	వాళ్ళు నడి**చారు**	*Vaallu nadi**chaaru***

Future Tense

I will walk	నేను నడు**స్తాను**	*Nenu nadu**sthaanu***
You will walk	నువ్వు నడు**స్తావు**	*Nuvvu nadu**sthaavu***
He will walk	అతడు నడు**స్తాడు**	*Athadu nadu**sthaadu***
She will walk	ఆమె నడు**స్తుంది**	*Aame nadu**sthundhi***
They will walk	వాళ్ళు నడు**స్తారు**	*Vaallu nadu**sthaaru***

<u>Negative</u>

I will not walk	నేను నడవను	*Nenu na**davanu***
You will not walk	నువ్వు నడవవు	*Nuvvu na**davavu***
He will not walk	అతడు నడవడు	*Athadu na**davadu***
She will not walk	ఆమె నడవదు	*Aame na**davadhu***
They will not walk	వాళ్ళు నడవరు	*Vaallu na**davaru***

<u>Durative</u>

I have been walking	నేను నడుస్తూ ఉన్నాను	*Nenu nadu**sthuu unnaanu***
You have been walking	నువ్వు నడుస్తూ ఉన్నావు	*Nuvvu nadu**sthuu unnaavu***
He has been walking	అతడు నడుస్తూ ఉన్నాడు	*Athadu nadu**sthuu unnaadu***
She has been walking	ఆమె నడుస్తూ ఉన్నది	*Aame nadu**sthuu unnadhi***
They have been walking	వాళ్ళు నడుస్తూ ఉన్నారు	*Vaallu nadu**sthuu unnaaru***

<u>Present Participle</u>
(While) walking — నడుస్తూ — *Nadu**sthuu***

<u>Past Participle</u>
(Can) walk — నడవగల — *Na**davagala***

<u>Negative Participle</u>
(Cannot) walk — నడవలేని — *Na**davaleni***

<u>Imperative</u>
Walk! — నడువుము ! — *Naduvu**mu**!*

<u>Negative Imperative</u>
Do not walk! — నడవకుము ! — *Na**davakum**u!*

<u>Gerund</u>
(The act of) walking — నడవడం — *Na**davadam***

97.

| To **want** | కావలసియుండుట | *Kaavalasiyunduta* |

Present Tense

I want	నాకు కావలెను	*Naaku kaava**lenu***
You want	నీకు కావలెను	*Neeku kaava**lenu***
He wants	అతనికి కావలెను	*Athaniki kaava**lenu***
She wants	ఆమెకు కావలెను	*Aameku kaava**lenu***
They want	వాళ్ళకు కావలెను	*Vaallaku kaava**lenu***

Past Tense

I wanted	నాకు కావలసియుండెను	*Naaku kaavalasiyun**denu***
You wanted	నీకు కావలసియుండెను	*Neeku kaavalasiyun**denu***
He wanted	అతనికి కావలసియుండెను	*Athaniki kaavalasiyun**denu***
She wanted	ఆమెకు కావలసియుండెను	*Aameku kaavalasiyun**denu***
They wanted	వాళ్ళకు కావలసియుండెను	*Vaallaku kaavalasiyun**denu***

Future Tense

I will want	నాకు కావలసివస్తుంది	*Naaku kaavalasi**vasthundhi***
You will want	నీకు కావలసివస్తుంది	*Neeku kaavalasi**vasthundhi***
He will want	అతనికి కావలసివస్తుంది	*Athaniki kaavalasi**vasthundhi***
She will want	ఆమెకు కావలసివస్తుంది	*Aameku kaavalasi**vasthundhi***
They will want	వాళ్ళకు కావలసివస్తుంది	*Vaallaku kaavalasi**vasthundhi***

Negative

I will not want	నాకు కావలసియుండదు	Naaku kaavalasiyun**dadhu**
You will not want	నీకు కావలసియుండదు	Neeku kaavalasiyun**dadhu**
He will not want	అతనికి కావలసియుండదు	Athaniki kaavalasiyun**dadhu**
She will not want	ఆమెకు కావలసియుండదు	Aameku kaavalasiyun**dadhu**
They will not want	వాళ్ళకు కావలసియుండదు	Vaallaku kaavalasiyun**dadhu**

Durative

I have been wanting	నాకు కావలసియుంటూ ఉన్నది	Naaku kaavalasiyun**tuu unnadhi**
You have been wanting	నీకు కావలసియుంటూ ఉన్నది	Neeku kaavalasiyun**tuu unnadhi**
He has been wanting	అతనికి కావలసియుంటూ ఉన్నది	Athaniki kaavalasiyun**tuu unnadhi**
She has been wanting	ఆమెకు కావలసియుంటూ ఉన్నది	Aameku kaavalasiyun**tuu unnadhi**
They have been wanting	వాళ్ళకు కావలసియుంటూ ఉన్నది	Vaallaku kaavalasiyun**tuu unnadhi**

Present Participle (While) wanting	కావలసియుంటూ	Kaavalasiyun**tuu**
Past Participle (Can) want	కావలసిన	**kaavalasina**
Negative Participle (Cannot) want	అక్కరలేని	**Akkaraleni**
Imperative Want!	కావలెను!	Kaaval**enu**!
Negative Imperative Do not want!	అక్కరలేదు!	*Akkaraledhu!*
Gerund (The act of) wanting	కావలసియుండడం	Kaavalasiyun**dadam**

98.

To **watch**	కావలి ఉండుట	*Kaavali unduta*

Present Tense

I watch	నేను కావలి ఉంటున్నాను	*Nenu kaavali un**tunnaanu***
You watch	నువ్వు కావలి ఉంటున్నావు	*Nuvvu kaavali un**tunnaavu***
He watches	అతడు కావలి ఉంటున్నాడు	*Athadu kaavali un**tunnaadu***
She watches	ఆమె కావలి ఉంటున్నది	*Aame kaavali un**tunnadhi***
They watch	వాళ్ళు కావలి ఉంటున్నారు	*Vaallu kaavali un**tunnaaru***

Past Tense

I watched	నేను కావలి ఉన్నాను	*Nenu kaavali u**nnaanu***
You watched	నువ్వు కావలి ఉన్నావు	*Nuvvu kaavali u**nnaavu***
He watched	అతడు కావలి ఉన్నాడు	*Athadu kaavali u**nnaadu***
She watched	ఆమె కావలి ఉన్నది	*Aame kaavali u**nnadhi***
They watched	వాళ్ళు కావలి ఉన్నారు	*Vaallu kaavali u**nnaaru***

Future Tense

I will watch	నేను కావలి ఉంటాను	*Nenu kaavali un**taanu***
You will watch	నువ్వు కావలి ఉంటావు	*Nuvvu kaavali un**taavu***
He will watch	అతడు కావలి ఉంటాడు	*Athadu kaavali un**taadu***
She will watch	ఆమె కావలి ఉంటుంది	*Aame kaavali un**tundhi***
They will watch	వాళ్ళు కావలి ఉంటారు	*Vaallu kaavali un**taaru***

Negative

I will not watch	నేను కావలి ఉం**డను**	*Nenu kaavali un**danu***
You will not watch	నువ్వు కావలి ఉం**డవు**	*Nuvvu kaavali un**davu***
He will not watch	అతడు కావలి ఉం**డడు**	*Athadu kaavali un**dadu***
She will not watch	ఆమె కావలి ఉం**డదు**	*Aame kaavali un**dadhu***
They will not watch	వాళ్ళు కావలి ఉం**డరు**	*Vaallu kaavali un**daru***

Durative

I have been watching	నేను కావలి ఉం**టూ ఉన్నాను**	*Nenu kaavali un**tuu unnaanu***
You have been watching	నువ్వు కావలి ఉం**టూ ఉన్నావు**	*Nuvvu kaavali un**tuu unnaavu***
He has been watching	అతడు కావలి ఉం**టూ ఉన్నాడు**	*Athadu kaavali un**tuu unnaadu***
She has been watching	ఆమె కావలి ఉం**టూ ఉన్నది**	*Aame kaavali un**tuu unnadhi***
They have been watching	వాళ్ళు కావలి ఉం**టూ ఉన్నారు**	*Vaallu kaavali un**tuu unnaaru***

Present Participle
(While) watching — కావలి ఉం**టూ** — *Kaavali un**tuu***

Past Participle
(Can) watch — కావలి ఉం**డ**గల — *Kaavali un**dagala***

Negative Participle
(Cannot) watch — కావలి ఉండలేని — *Kaavali un**daleni***

Imperative
Watch! — కావలి ఉండు**మ** ! — *Kaavali un**dumu**!*

Negative Imperative
Do not watch! — కావలి ఉం**డకు**మ ! — *Kaavali un**dakumu**!*

Gerund
(The act of) watching — కావలి ఉం**డ**డం — *Kaavali un**dadam***

99.

To **win**	గెలుచుట	*Geluchuta*

Present Tense

I win	నేను గెలు**స్తున్నాను**	*Nenu gelu**sthunnaanu***
You win	నువ్వు గెలు**స్తున్నావు**	*Nuvvu gelu**sthunnaavu***
He wins	అతడు గెలు**స్తున్నాడు**	*Athadu gelu**sthunnaadu***
She wins	ఆమె గెలు**స్తున్నది**	*Aame gelu**sthunnadhi***
They win	వాళ్ళు గెలు**స్తున్నారు**	*Vaallu gelu**sthunnaaru***

Past Tense

I won	నేను గెలిసాను	*Nenu geli**saanu***
You won	నువ్వు గెలిసావు	*Nuvvu geli**saavu***
He won	అతడు గెలిసాడు	*Athadu geli**saadu***
She won	ఆమె గెలిసింది	*Aame geli**sindhi***
They won	వాళ్ళు గెలిసారు	*Vaallu geli**saaru***

Future Tense

I will win	నేను గెలు**స్తాను**	*Nenu gelu**sthaanu***
You will win	నువ్వు గెలు**స్తావు**	*Nuvvu gelu**sthaavu***
He will win	అతడు గెలు**స్తాడు**	*Athadu gelu**sthaadu***
She will win	ఆమె గెలు**స్తుంది**	*Aame gelu**sthundhi***
They will win	వాళ్ళు గెలు**స్తారు**	*Vaallu gelu**sthaaru***

Negative

I will not win	నేను గెలు**వను**	*Nenu gelu**vanu***
You will not win	నువ్వు గెలు**వవు**	*Nuvvu gelu**vavu***
He will not win	అతడు గెలు**వడు**	*Athadu gelu**vadu***
She will not win	ఆమె గెలు**వదు**	*Aame gelu**vadhu***
They will not win	వాళ్ళ గెలు**వరు**	*Vaallu gelu**varu***

Durative

I have been winning	నేను గెలు**స్తూ ఉన్నాను**	*Nenu gelu**sthuu unnaanu***
You have been winning	నువ్వు గెలు**స్తూ ఉన్నావు**	*Nuvvu gelu**sthuu unnaavu***
He has been winning	అతడు గెలు**స్తూ ఉన్నాడు**	*Athadu gelu**sthuu unnaadu***
She has been winning	ఆమె గెలు**స్తూ ఉన్నది**	*Aame gelu**sthuu unnadhi***
They have been winning	వాళ్ళ గెలు**స్తూ ఉన్నారు**	*Vaallu gelu**sthuu unnaaru***

Present Participle

(While) winning	గెలు**స్తూ**	*Gelu**sthuu***

Past Participle

(Can) win	గెలు**వగల**	*Gelu**vagala***

Negative Participle

(Cannot) win	**గెలు వలేని**	*Gelu**valeni***

Imperative

Win!	గెలు**వము** !	*Geluvu**mu**!*

Negative Imperative

Do not win!	గెలు**వకుము** !	*Geluva**kumu**!*

Gerund

(The act of) winning	గెలవడం	*Gela**vadam***

100.

To **work**	పనిచేయు ట	*Panicheyuta*

Present Tense

I work	నేను పనిచేస్తున్నాను	*Nenu paniche**sthunnaanu***
You work	నువ్వు పనిచేస్తున్నావు	*Nuvvu paniche**sthunnaavu***
He works	అతడు పనిచేస్తున్నాడు	*Athadu paniche**sthunnaadu***
She works	ఆమె పనిచేస్తున్నది	*Aame paniche**sthunnadhi***
They work	వాళ్ళ పనిచేస్తున్నారు	*Vaallu paniche**sthunnaaru***

Past Tense

I worked	నేను పనిచేసాను	*Nenu paniche**saanu***
You worked	నువ్వు పనిచేసావు	*Nuvvu paniche**saavu***
He worked	అతడు పనిచేసాడు	*Athadu paniche**saadu***
She worked	ఆమె పనిచేసి ంది	*Aame paniche**sindhi***
They worked	వాళ్ళ పనిచేసారు	*Vaallu paniche**saaru***

Future Tense

I will work	నేను పనిచేస్తాను	*Nenu paniche**sthaanu***
You will work	నువ్వు పనిచేస్తావు	*Nuvvu paniche**sthaavu***
He will work	అతడు పనిచేస్తాడు	*Athadu paniche**sthaadu***
She will work	ఆమె పనిచేస్తుంది	*Aame paniche**sthundhi***
They will work	వాళ్ళ పనిచేస్తారు	*Vaallu paniche**sthaaru***

Negative

I will not work	నేను పనిచేయను	*Nenu panicheyanu*
You will not work	నువ్వు పనిచేయవు	*Nuvvu panicheyavu*
He will not work	అతడు పనిచేయడు	*Athadu panicheyadu*
She will not work	ఆమె పనిచేయదు	*Aame panicheyadhu*
They will not work	వాళ్ళు పనిచేయరు	*Vaallu panicheyaru*

Durative

I have been working	నేను పనిచేస్తూఉన్నాను	*Nenu panichesthuu unnaanu*
You have been working	నువ్వు పనిచేస్తూఉన్నావు	*Nuvvu panichesthuu unnaavu*
He has been working	అతడు పనిచేస్తూఉన్నాడు	*Athadu panichesthuu unnaadu*
She has been working	ఆమె పనిచేస్తూఉన్నది	*Aame panichesthuu unnadhi*
They have been working	వాళ్ళు పనిచేస్తూఉన్నారు	*Vaallu panichesthuu unnaaru*

Present Participle (While) working	పనిచేస్తూ	*Panichesthuu*
Past Participle (Can) work	పనిచేయగల	*Panicheyagala*
Negative Participle (Cannot) work	పనిచేయలేని	*Panicheyaleni*
Imperative Work!	పనిచేయుము !	*Panicheyumu!*
Negative Imperative Do not work!	పనిచేయకుము !	*Panicheyakumu!*
Gerund (The act of) working	పనిచేయడం	*Panicheyadam*

101.

To write   వ్రాయుట   *Vraayuta*

Present Tense

I write	నేను వ్రాస్తున్నాను	*Nenu vraasthunnaanu*
You write	నువ్వు వ్రాస్తున్నావు	*Nuvvu vraasthunnaavu*
He writes	అతడు వ్రాస్తున్నాడు	*Athadu vraasthunnaadu*
She writes	ఆమె వ్రాస్తున్నది	*Aame vraasthunnadhi*
They write	వాళ్ళు వ్రాస్తున్నారు	*Vaallu vraasthunnaaru*

Past Tense

I wrote	నేను వ్రాసాను	*Nenu vraasaanu*
You wrote	నువ్వు వ్రాసావు	*Nuvvu vraasaavu*
He wrote	అతడు వ్రాసాడు	*Athadu vraasaadu*
She wrote	ఆమె వ్రాసింది	*Aame vraasindhi*
They wrote	వాళ్ళు వ్రాసారు	*Vaallu vraasaaru*

Future Tense

I will write	నేను వ్రాస్తాను	*Nenu vraasthaanu*
You will write	నువ్వు వ్రాస్తావు	*Nuvvu vraasthaavu*
He will write	అతడు వ్రాస్తాడు	*Athadu vraasthaadu*
She will write	ఆమె వ్రాస్తుంది	*Aame vraasthundhi*
They will write	వాళ్ళు వ్రాస్తారు	*Vaallu vraasthaaru*

<u>Negative</u>

I will not write	నేను వ్రాయను	*Nenu vraa**yanu***
You will not write	నువ్వు వ్రాయవు	*Nuvvu vraa**yavu***
He will not write	అతడు వ్రాయడు	*Athadu vraa**yadu***
She will not write	ఆమె వ్రాయదు	*Aame vraa**yadhu***
They will not write	వాళ్ళు వ్రాయరు	*Vaallu vraa**yaru***

<u>Durative</u>

I have been writing	నేను వ్రాస్తూ ఉన్నాను	*Nenu vraa**sthuu unnaanu***
You have been writing	నువ్వు వ్రాస్తూ ఉన్నావు	*Nuvvu vraa**sthuu unnaavu***
He has been writing	అతడు వ్రాస్తూ ఉన్నాడు	*Athadu vraa**sthuu unnaadu***
She has been writing	ఆమె వ్రాస్తూ ఉన్నది	*Aame vraa**sthuu unnadhi***
They have been writing	వాళ్ళు వ్రాస్తూ ఉన్నారు	*Vaallu vraa**sthuu unnaaru***

<u>Present Participle</u>
(While) writing — వ్రాస్తూ — *Vraa**sthuu***

<u>Past Participle</u>
(Can) write — వ్రాయగల — *Vraa**yagala***

<u>Negative Participle</u>
(Cannot) write — వ్రాయలేని — *Vraa**yaleni***

<u>Imperative</u>
Write! — వ్రాయు ము ! — *Vraa**yumu**!*

<u>Negative Imperative</u>
Do not write! — వ్రాయకు ము ! — *Vraa**yakumu**!*

<u>Gerund</u>
(The act of) writing — వ్రాయడం — *Vraa**yadam***

www.ingramcontent.com/pod-product-compliance
Lightning Source LLC
Chambersburg PA
CBHW081455040426
42446CB00016B/3254
* 9 7 8 1 6 1 9 4 9 4 2 4 4 *